PAGANISME *VERSUS* CATHOLICISME

DU MÊME AUTEUR :

• *Fascisme et Monarchie : Essai de conciliation du point de vue catholique* (préface de Claude Rousseau), Éditions Vincent Reynouard, 2001 / Reconquista Press, 2018.
• *Nihilisme, subjectivisme et décadence* (2 tomes), Samizdat, 2009.
• *Présentation de l'Institut Charlemagne sous le patronage de l'archange Saint Michel*, Éditions Dominique Martin Morin, 2016.
• *Pour une contre-révolution révolutionnaire*, Reconquista Press, 2017.
• *Désir de Dieu et organicité politique*, Reconquista Press, 2019.

Collaboration aux ouvrages :

• *Serviam : La Pensée politique d'Adrien Arcand* (Anthologie), Reconquista Press, 2017. (Essai)
• Misciattelli (Piero), *Le Fascisme et les Catholiques*, Reconquista Press, 2018. (Postface)

Sous le pseudonyme de Stepinac :

• *De quelques problèmes politico-religieux contemporains*, Samizdat, 2011.
• *Du problème du rapport entre Nature et Grâce dans le thomisme et le néo-thomisme, et de ses enjeux politiques contemporains*, Samizdat, 2011.
• *Éléments de philosophie politique* (préface de Claude Rousseau), Éditions Franques, 2013.

Joseph Mérel

PAGANISME
VERSUS
CATHOLICISME

Le conflit non surmonté
du nationalisme

Reconquista Press

© 2020 Reconquista Press
www.reconquistapress.com

ISBN : 978-1-912853-09-0

L'auteur a publié divers travaux de philosophie générale et de philosophie politique, qui tous traitaient, directement ou indirectement, du problème du rapport entre nature et surnature. Ce sont là des sujets de réflexion éminemment spéculatifs dont la relation — en soi proprement essentielle et éminemment actuelle — avec les problèmes contemporains n'est nullement évidente pour le lecteur qui n'est pas spécialiste de ce genre de question. Aussi a-t-il paru opportun de présenter certains résultats de ces travaux dans un langage plus clair, plus simple, sans technicité superflue, sans citations érudites ; et tel se veut le présent opuscule à vocation d'aide-mémoire, destiné à tout nationaliste qui pourra sans scrupule sauter les rares passages résiduels techniquement rébarbatifs.

On entend ici par « nationaliste » toute personne qui est hostile à l'internationalisme, c'est-à-dire au mondialisme ; il peut paraître abusif de réduire au nationalisme toute position qui se veut antimondialiste, mais c'est l'une des thèses de cet opuscule que de montrer ceci : il est dans la logique de tout antimondialiste réfléchi d'être nationaliste, parce que les raisons recevables qui lui enjoignent d'abhorrer le mondialisme induisent nécessairement le nationalisme. On reviendra sur ce point plus bas.

Le présent travail comprend deux grandes parties : une lettre aux païens et aux agnostiques, et une lettre aux catholiques. Les intertitres tiendront lieu de moments de respiration et/ou de points de repère pour scander la lecture d'un discours qui ne sera pas divisé en chapitres, parce qu'il a vocation à être lu d'une traite.

Deux grandes visions de l'homme et du monde

Dans le landerneau de ce qu'il est convenu de nommer l'extrême-droite, l'ultra-droite ou le nationalisme sans concession, c'est-à-dire de tous ceux qui considèrent que la vérité et l'efficacité se situent à l'extérieur de l'hémicycle parlementaire, il existe une certaine unité, parce qu'ils ont les mêmes ennemis ; mais cette unité est seulement négative parce qu'ils divergent considérablement entre eux. Un tel milieu est ainsi insurgé contre lui-même, en quête de lui-même et pratiquement paralysé. Cela dit, en dépit de ces divergences, tout le monde sait bien au fond ce qui se passe aujourd'hui, et c'est ce consensus dans la compréhension de la situation actuelle qui rassemble comme malgré eux des hommes et des sensibilités politiques et religieuses en conflit les uns avec les autres. On pourrait résumer ce précaire consensus comme suit :

Le monde antique, ou païen, était un ordre peu ou prou panthéiste tourmenté de temps à autre par des pulsions monothéistes qui restaient toujours à l'état de velléités. Spontanément, l'ordre naturel étant divin, l'individu se savait et se voulait ordonné au tout ; la sagesse consistait à s'intégrer dans le cosmos, à y trouver sa place et à servir au mieux la bonne marche de la Cité — le vrai Soi de l'homme — en laquelle se réfractait l'ordre universel. Puis vint le christianisme promoteur de l'éminente dignité de la personne humaine pensée telle une « *imago Dei* », telle l'image d'un Dieu *extérieur* au monde, origine et fin de l'existence humaine vécue par là, en ce monde, tel un exil momentané, au mieux tel un voyage qui dispensait d'habiter pleinement son monde, d'y séjourner comme en sa demeure naturelle, de chercher à s'y accomplir exhaustivement. Ce qui invitait l'homme à s'opposer au monde ainsi dédivinisé, désacralisé, bientôt réduit — la foi des débuts se refroidissant — à une chose manipulable sur laquelle exercer la volonté de puissance humaine. L'exaltation de cette dignité, qui renvoyait théoriquement l'homme à Dieu, à un Dieu *étranger* au cosmos, rendit corrélativement l'homme étranger au monde, mais par là l'invitait, fût-ce pour le sommer de s'ordonner à Dieu, à se centrer sur lui-même. C'est que, en effet, quoique devenu aliéné dans le monde, l'homme ne cessait d'y appartenir malgré lui, et c'est à proportion de son pouvoir éprouvé de nier le monde pour le dominer — en lui-même par l'ascèse, et hors de lui par le déchaînement technique — qu'il faisait l'épreuve de sa destinée non mondaine ; or une telle négation, parce que corrélative d'un recentrage sur soi, ne pouvait pas ne pas développer une volonté de puissance enivrante inclinant l'homme à se prendre pour fin. Cette révolution spirituelle, qui désenchantait le monde en le frappant de contingence, qui le dépréciait en proportion inverse d'un surinvestissement des espérances dans un autre monde, en vint, quand le désir de Dieu se mit à douter de lui-même, à effacer les raisons au nom desquelles elle avait été proclamée, ce qui fit basculer l'humanité dans la modernité agnostique, relativiste et athée. Se prenant pour fin, l'homme occidental s'affaissa sur lui-même, investissant ce qui lui restait d'énergie et de combativité dans la recherche indéfinie des moyens de jouir, non sans susciter un ressentiment sans borne des pays et peuples dominés par sa volonté de puissance hédoniste. Un tel ressentiment suscita un désir farouche d'enracinement chez les anciens dominés, corrélatif d'un déracinement des Occidentaux. De religieuse, militaire et intellectuelle, la compétition entre les hommes devint essentiellement économique. D'où la naissance d'un processus de centralisation des richesses toujours plus grande. Aujourd'hui, la richesse matérielle complètement financiarisée est confisquée par un tout petit nombre d'hommes de l'ombre qui en viennent à se subordonner les États et les pouvoirs politiques par le biais de la maîtrise de l'émission monétaire et du contrôle de la fiscalité, mais aussi de l'opinion publique et des techniques de pointe. Les revendications populaires dirigées contre les hiérarchies traditionnelles ont toujours été suscitées et manipulées par cette puissance financière intéressée au déracinement du plus grand nombre par là plus aisément contrôlable et manipulable. La propriété privée, assujettie à un système de règles toujours plus contraignantes, réduite au droit de jouir de certains biens pour un temps et dans des conditions déterminés, n'existe pratiquement plus pour l'immense majorité des contribuables, et le métissage est en passe de devenir irréversible. L'archétype de l'homme contemporain, c'est le métis intellectuellement structuré par la philosophie des Droits de l'Homme, consommateur de Coca-Cola et de kebabs, de merguez industrielles et de rap, dans un mélange infect de vie américaine, de parfums et de saveurs exotiques entremêlés, au milieu duquel il se vit comme démocrate, individualiste, bisexuel, célibataire, adepte du culte du corps, accordant une confiance illimitée aux vertus de la science, relativiste, agnostique, bercé par les rythmes afro-américains, conjuguant une assuétude aux gadgets informatiques et un goût prononcé pour les paradis artificiels dont il justifie l'usage en les tenant pour momentanés, dans l'attente de l'avènement du mondialisme écologique supposé réaliser les espérances éperdues investies dans l'avènement du paradis terrestre et de la fin de l'histoire. L'Européen moyen, qui s'appauvrit toujours plus, sait qu'on lui ment, qu'on le manipule, que sa vie morose et laborieuse est confisquée au service de l'enrichissement toujours plus grand des maîtres de la Banque, et de la satisfaction haineuse du ressentiment des immigrés toujours plus nombreux. Mais il ne se révolte guère, attaché qu'il est à des principes individualistes tels qu'il ne pourrait faire le procès de la tyrannie qu'il subit qu'en renonçant au subjectivisme auquel il tient par-dessus tout. Les seuls à faire preuve de lucidité à propos de la vraie situation de l'Européen moyen sont les membres de l'ultra-droite. S'ils devaient eux-mêmes se définir, ils pourraient inviter leurs contemporains à choisir entre les deux grandes visions du monde que voici, et qui s'affrontent depuis toujours.

Pour les uns, la subjectivité, qui dit l'individualité du moi, est souveraine, et elle est fondée à aspirer à réaliser sur Terre les conditions d'un bonheur qui sera individuel et collectif, mais cette collectivité est réduite à la somme arithmétique des individus qui la composent, de sorte qu'un tel bonheur est fondé sur l'individualité et ses exigences. Il s'agit de consommer les vœux de l'individualisme souverain. Cela vaut même, en dépit des apparences, pour le marxisme qui, économiquement collectiviste, n'est nullement communautaire, mais ontologiquement individualiste. Il ne prône la collectivisation et la socialisation de la vie personnelle que pour faire advenir la réappropriation par chacun de la richesse de l'« homme générique » : les qualités que le croyant avait projetées dans un au-delà illusoire ont vocation à être réappropriées par l'homme privé, seul réel, qui ainsi retrouve cet être générique ou essentiel qu'il avait séparé de son être individuel, et qui par là peut s'autoriser à faire de l'homme un Dieu pour l'homme dans la célébration de l'amour universel. Même dans *Le Capital*, où il substitue le concept de « fétichisme de la marchandise » à celui — feuerbachien — d'aliénation de l'essence humaine, Marx dit au fond la même chose que dans ses écrits de jeunesse : si l'essence humaine est bien l'ensemble des rapports sociaux, si le Capital est la réification ou chosification d'un rapport social, alors le Capital est bien la transformation en chose manipulable et exploitable de l'homme réel, vivant et libre. Ce même homme a vocation, par la collectivisation des moyens de production, à se réapproprier sa réalité d'homme libre et d'individu souverain en se libérant du Capital par un processus révolutionnaire qui clôt l'histoire et annonce l'avènement de l'homme enfin devenu humain ; il s'agit de prolonger l'invitation feuerbachienne à supprimer Dieu pour restituer à lui-même cet homme aliéné par la projection de son essence en Dieu. En termes populaires, cette vision du monde considère que le paradis sur Terre est possible et qu'il faut le faire advenir par l'avènement du mondialisme qui, supprimant les divisions politiques, religieuses, nationales, culturelles, familiales et même sexuelles entre les humains, supprime ces différences génératrices de conflits et supposées par essence porteuses de haine. L'espérance mondialiste lève ainsi ces interdits en lesquels l'homme avait déversé, pour en faire un absolu adorable extérieur à lui, les richesses de sa substance divine qu'il est en exigence de ré-intérioriser après qu'elles ont été, dans la douleur séculaire, déployées historiquement hors de lui. Pratiquement donc, les mots d'ordre sont : amour universel, immanence, suppression des frontières qui sont autant de cicatrices ; miscégénation systématique ; morale des Droits de l'Homme rectifiée par les dispositions requises en vue de satisfaire l'homme concret : mesures socialisantes de redistribution destinées à donner à tous les moyens égaux d'exercer les mêmes droits, corrélatives de pratiques ultralibérales destinées à soutenir la production induite par le consumérisme ; scientisme et progressisme technologique ; écologie ; relativisme culturel et religieux destiné progressivement à se soustraire à la religion ; valeur infinie reconnue à la subjectivité ; chute de tension universelle ablative de tous les conflits, en l'homme et entre les hommes. Et parce que toute subjectivité est absolument subjectivité ou n'est pas, alors, quand elle est érigée en absolu, elle est telle que toutes les subjectivités sont tenues pour égales, et toute inégalité est tenue en son fond pour une injustice. La subjectivité absolutisée induit l'absolutisation de la liberté : l'homme est ce qu'il décide d'être, il n'est aucun donné qui n'ait vocation à être nié, à tout le moins rectifié par la liberté individuelle souveraine, et les hommes déifiés sont absolument égaux parce qu'ils sont infiniment libres. Pour le moderniste, l'avenir est la négation du passé, et il s'achemine vers un point oméga qui se posera par suppression sans reste des origines.

Pour les autres, n'est véritablement homme que celui qui préfère le beau à l'utile (même s'il sait que les deux ne s'opposent pas essentiellement), le noble au confortable ; le dépassement de soi au service d'une cause, au repos de la subjectivité en elle-même se mirant et se prenant pour fin. Il préfère la destinée héroïque avec la guerre, à la destinée sans guerre mais sans héroïsme ; la vie dangereuse et risquée affrontant le tragique, à la vie quiète et optimiste inspirée par un progrès indéfini ; la souffrance avivant la conscience (et réciproquement), à l'évitement de la souffrance mais au prix d'un sommeil dans l'inconscience ; la vie courte et glorieuse à la vie longue et étriquée, l'honneur dans la pauvreté et l'anonymat à l'abondance dans le déshonneur et le succès. Pour eux donc, la dignité de la subjectivité tient dans son aptitude à se mettre au service d'un bien qu'elle aime en s'y sachant et en s'y voulant rapportée parce qu'elle se reconnaît — et en cette seule reconnaissance consiste sa grandeur — n'être ni la mesure ni la fin de l'existence. Ceux-là sont nationalistes, savent que le paradis sur Terre est impossible et qu'il est dégradant d'y aspirer ; que les différences génératrices de tensions sont nécessaires à la vie ; que l'amour sans la guerre se convertit en guerre larvée, mesquine et sans grandeur, de tous contre tous ; que vivre consiste à combattre ; que l'irascible est un moment obligé du concupiscible qui se risque en celui-là dont il tire sa légitimité sans laquelle il n'est que collapsus mortifère et jouissance déshonorante. Dans cette perspective, les hommes ne sont pas égaux, il n'est même pas bon d'espérer qu'ils le deviennent jamais ; il existe une élite en toute société et il est à souhaiter qu'elle soit aristocratique. L'homme n'a aucun droit mais seulement des devoirs, il n'est pas bon par naissance mais par l'effort, par l'ascèse et l'oubli de soi ; il n'est lui-même qu'en tendant au-delà de soi ; l'espèce n'est pas pour l'individu mais l'individu est pour l'espèce ; la hiérarchie fondée sur l'argent ou l'avoir matérialiste est la plus détestable, la plus antinaturelle et la plus honteuse de toutes. Et l'avenir vers lequel toute subjectivité saine est tendue vise la recherche de l'origine même du passé ancestral, dans une conception circulaire et non linéaire du temps, de sorte qu'il n'est pas de modernité qui ne soit enracinement dans une Tradition. Tous les antimondialistes, nommés ici génériquement nationalistes, ont bien compris que la vision du monde « planétarienne » a aujourd'hui le vent en poupe, que cela dure depuis longtemps et que même elle est en passe de se réaliser historiquement.

Tous savent que depuis au moins deux siècles l'homme s'est laissé avilir par le ressentiment des faibles et des exclus soucieux d'abaisser leur prochain à leur niveau afin de l'emporter sur l'homme noble. Et tous aspirent à renverser cette situation en dénonçant ses responsables : petitesse mercantile de l'esprit bourgeois voltairien, Juifs et maçons, utopistes divers, hérésiarques, révoltés, abandonnés de la nature, tarés polymorphes — autant de modalités indéfiniment variées du « *caput mortuum* » de la chimie vitale conflictuelle.

On pourrait penser que les différends doctrinaux et stratégiques secouant le « *pusillus grex* » des nationalistes sont insuffisants pour le faire éclater. Mais il n'en est rien, et c'est à l'aplanissement de ces différends qu'est consacré le présent opuscule.

Patrie, État, Nation

La nation n'est pas seulement la patrie. La patrie est la terre des pères, elle désigne plutôt le territoire forgé, conquis, travaillé par les pères, et le patriotisme est le culte de piété filiale rendu aux ancêtres. La nation n'est pas seulement l'État. L'État n'est pas l'administration, il est la forme de la société, il est à la société comme la forme l'est à la matière, comme l'âme l'est au corps ; il est — par les lois qu'il instaure et l'esprit qu'il insuffle — immanent à toutes les parties de la société, et il prend conscience de soi dans le gouvernement auquel il ne se réduit pas, quoique ce soit en cette instance gouvernementale qu'on le réduit vulgairement. La nation est une manière paradigmatique d'être homme, elle désigne une personnalité collective, une identité spirituelle s'efforçant à exprimer excellemment les caractères de la nature humaine en tant qu'elle est investie dans une communauté historique et charnelle de destin. Le cercle est la forme que reçoit la matière de l'airain, mais concrètement, en tout ce qui est composé de matière et de forme, et dont la forme ne peut subsister que dans une matière, la matière actualisée par la forme est une même chose avec la forme individuée par la matière. Voilà qui permet de définir la nation : elle est à l'État comme la matière à la forme, et concrètement, en tel État qui est l'État de telle nation, elle se confond avec lui. Certes la nation peut subsister un temps sans État, mais il s'agit de l'État pris au sens étroit du gouvernement. Et un même État peut, en tant qu'impérial, se faire la forme de plusieurs nations, en ce sens que, forme d'une nation hégémonique, il se communique à d'autres nations subordonnées qui tendent à vivre en lui comme les organes dans un corps. Il reste que le pouvoir politique n'est pas sans l'État, parce qu'une cause efficiente n'est pas sans une cause formelle ; on peut même dire que la cause efficiente est la cause formelle elle-même, en tant qu'elle s'anticipe dans un agent efficient qui se fait l'opérateur de la communication de cette forme. Puisque l'État individué est la nation actualisée, le Politique, en droit sinon en fait, n'est pas sans la nation. Et il est essentiel de le rappeler :

Les choses sont ainsi faites que l'universel n'est pas, ne se réalise pas, sans un processus de particularisation, et même d'individuation : si l'universel était exclusif du particulier, il serait à côté de lui, il formerait avec lui un tout dont il serait la *partie*, mais par là il serait particulier et non point universel ; l'universel n'est pas sans son processus de particularisation qui se radicalise dans la singularité de l'existant. L'universel s'entend en deux sens, qui sont corrélatifs. Dans l'ordre de la connaissance, est universel un terme qui se prédique de tous les individus de même espèce ; dans l'ordre de la réalité, objet de la connaissance, l'universel est ce principe objectif qui cause, en chaque individu, son identité spécifique et individuelle. La nature humaine, universel de causalité, est tout entière en chaque homme — « chaque homme porte en lui la forme entière de l'humaine condition » —, autrement un homme concret ne serait pas pleinement humain et ne serait que la partie de l'humanité qui seule mériterait d'être tenue pour un homme complet ; mais cette nature n'y est pas totalement, autrement il n'existerait qu'un seul homme qui, dans sa singularité, épuiserait, tel un ange, la totalité des richesses de l'essence ou nature humaine. La nature est l'essence en tant que principe de genèse et d'opérations. Et il est clair que la nature humaine ne subsiste pas ailleurs que dans les individus nommés hommes, à moins qu'elle ne soit considérée selon le statut qu'elle a en Dieu où elle préexiste comme Idée créatrice. Mais cette nature humaine ne s'épuise en aucun homme concret, elle ne cesse de faire valoir son appétit d'extériorisation par lequel elle actualise ses potentialités, en chacun par là invité à s'excéder — et à s'accomplir lui-même en s'excédant — au service des exigences de sa nature qui se veut en lui et lui enjoint de la servir, de telle sorte que, si la particularisation de l'universel se radicalise en direction de la singularité de l'existant, en retour ce dernier tend vers l'universel autant qu'il est possible ; ce processus d'extériorisation de soi de la nature humaine se produit diachroniquement dans l'engendrement charnel (tout vivant engendre), et synchroniquement dans la vie communautaire : les richesses de la nature humaine sont plus adéquatement déployées dans une communauté organisée que dans un individu, et c'est pourquoi la vie politique a raison de fin pour l'individu, et au reste, comme le montre Platon (*République* IV), la Cité est comme un homme en grand : thèse reprise d'une certaine façon par Adalbéron au

XIᵉ siècle : aux « *oratores* » correspond l'intellect, aux « *bellatores* » correspond le « cœur », aux « *laboratores* » correspond l'appétit sensible. Le bien commun, bien du tout pris comme tout, est intrinsèquement supérieur au bien de la partie, et constitue la part la meilleure et la plus intime du bien de la partie elle-même. Cela dit, tous les appétits d'un être procèdent de son essence, et ramènent à son essence : désirer est manquer, souffrir, n'être pas pleinement soi-même, être comme inadéquat à soi-même ou malade, et cela consiste à aspirer à se rendre adéquat à son essence qui ainsi *se* veut en l'individu, et les opérations de ce dernier seront autant d'efforts à raison desquels il tendra à se rendre adéquat à son essence. L'individu procède de son essence en tant qu'il en est l'individuation, et se rend à son essence par ses accidents (qui manifestent et explicitent en l'actualisant la substance individuelle) et opérations propres : il est universel par sa nature, singulier par son existence, particulier par ses modes d'être. Il est définitionnel de l'universel de s'accomplir — ainsi de se singulariser pour exister et d'exister pour réaliser son essence — moyennant la position obligée d'une particularité paradigmatique : toute espèce incarnée se concrétise en sous-espèces. Mais ces trois moments se retrouvent au niveau communautaire : l'universalité causale de l'Idée d'État, ou de l'État comme Idée, se fait tel État singulier concret moyennant l'assomption d'une manière nationale d'être homme. L'État pris comme Idée est à l'individu considéré en sa vocation politique comme la nature humaine est à ce même individu considéré en sa condition biologique. *Et il est essentiel de le rappeler, parce que l'affirmation de la nation entendue comme personnalité communautaire et idéale, faite de déterminations historiques, biologiques et culturelles, est indissociable de l'idée selon laquelle la communauté a raison de fin pour l'individu* : de même que la détermination sexuelle (être humain, c'est nécessairement être homme ou femme) par exemple est cette manière particulière que se donne l'universel de la nature humaine pour être cet individu humain concret, de même la nation — la Francité, la Germanité, etc. — est la manière particulière dont l'Idée de l'État se concrétise comme réalité historique. De même qu'on est un individu humain pour faire se réaliser au mieux les potentialités de la nature humaine, cependant que l'actualisation de ces potentialités s'accomplit moyennant la particularisation d'une détermination sexuelle obligée, de même une communauté est un État politique concret pour faire se réaliser au mieux les potentialités de l'Idée de l'État, cependant que l'actualisation de ces potentialités s'accomplit moyennant la particularisation d'une identité nationale déterminée et pérenne, vouée à évoluer en direction de l'explicitation de son contenu spirituel. Or l'ordination du singulier aux exigences de sa nature est comme l'ordination de l'individu à l'État ; dès lors, l'État n'étant pas sans la nation, le bien commun n'est pas sans elle.

Une dynastie est au service de l'État, elle ne le constitue pas.

Que le bien commun politique n'ait pas raison de fin ultime pour l'individu humain qui, pour le croyant, trouve sa fin dernière au-delà du Politique, dans une vie éternelle qui n'est pas mondaine, ne laisse pas ce bien commun d'avoir raison de fin pour la vie terrestre de ce même individu. Le bien commun n'est pas l'ensemble de conditions qui permettent à l'individu d'exercer une vie vertueuse en vue de son salut éternel, il n'est cela que médiatement ; il ne remplit ce rôle qu'en tant qu'il est d'abord, immédiatement et par soi, la réalisation en acte de toutes les potentialités de la nature humaine à l'intérieur d'une communauté historique et nationale de destin.

Le nationalitarisme est la corruption démocratique, ainsi subjectiviste, du nationalisme ; il substitue le droit des peuples à disposer d'eux-mêmes au devoir des peuples de demeurer eux-mêmes ; le nationalisme entendu tel l'individualisme des peuples est la corruption chauvine du nationalisme, il érige en paradigme universel ce qui a raison de paradigme particulier et subordonné. Le vrai nationalisme est le service, dans l'ordre politique, de l'universel, mais de l'universel ayant pris acte du fait qu'il a vocation à se particulariser pour exister concrètement. Le mondialisme, sous ce rapport, est bien le contradictoire du nationalisme, et toute philosophie politique du bien commun est en droit une philosophie qui prône le nationalisme ainsi entendu.

Il est aisé de remarquer que le mondialisme est au fond déjà dans la philosophie des Droits de l'Homme, et c'est pourquoi d'une part elle ne cesse aujourd'hui d'être ressassée tel un credo sacré ; c'est pourquoi d'autre part le mondialisme est la consommation exhaustive de l'individualisme, lequel répugne à l'idée de vie nationale normative qui aurait raison de fin pour l'individu :

« L'individu est devenu le référentiel ultime de l'ordre démocratique. Est d'essence individualiste la société qui, récusant la religion ou la Tradition comme source du savoir et de la loi, voit dans les hommes les seuls auteurs légitimes de leur mode d'être ensemble. Tandis que le pouvoir doit émaner du libre choix de chacun, nul ne doit plus être contraint d'adopter telle ou telle doctrine et de se soumettre aux règles de la vie dictée par la tradition. Droit d'élire ses gouvernants, droit de s'opposer au pouvoir en place, droit de chercher par soi-même la vérité, droit de conduire sa vie selon son gré : l'individualisme apparaît comme le code génétique des sociétés démocratiques modernes. Les droits de l'homme en sont la traduction institutionnelle. Contre tous les totalitarismes, contre les fanatismes de tous bords, nous nous devons, en tant que démocrates, de défendre le principe de l'individu autonome et souverain » (*L'Idée républicaine aujourd'hui. Guide républicain*, préface de François Fillon, ministre de l'Éducation nationale, de l'Enseignement supérieur et de la Recherche, collectif, 2004, Delagrave, p. 51).

Le mondialisme n'est pas une doctrine politique, il est l'expression théorisée du refus du Politique, en tant qu'il consiste à faire vivre les hommes ensemble en les soustrayant au bien commun.

La vie est le propre des êtres qui ont en eux-mêmes le principe de leur mouvement, de leur genèse, et de leur régénération ; elle est le caractère propre des êtres dont l'essence pose en eux le point de départ d'une activité dont ils sont le résultat. Est ainsi vivant ce qui contient en ses flancs — ainsi dans son être — le non-être de lui-même, puisque, étant résultat d'une activité qu'il exerce, il est autre, pris comme résultat, que lui-même en tant qu'origine ; il est ce qui, en tant que déterminé ou organisé, ouvre en son sein une zone d'indétermination à partir de laquelle il s'autodétermine ; et l'autre de la vie est la mort : le vivant est ce qui résiste à la mort, ce qui a la forme d'une victoire sur la mort, et c'est en cela que le fait de vivre est lui-même, d'une certaine façon, une activité polémique, quand bien même une telle vie serait occupée à viser et à promouvoir la paix ; la paix a ainsi la forme d'une victoire sur la guerre dont la possibilité doit être expressément entretenue à peine de faire périr le vivant qui, pour se donner la forme d'une conquête de lui-même s'arrachant à la mort, doit consentir au moins au risque de la mort, ne serait-ce que pour la surmonter. Or le mondialisme, en excluant la diversité des nations, supprime par là toute possibilité d'ennemi, évacue la possibilité de la guerre, ainsi sombre dans le collapsus de l'immobilité des cadavres ; quand on comprend que toutes les nations sont autant de visions du monde incarnées, et que ces visions du monde ou manières paradigmatiques d'être homme aspirent chacune, constitutivement, à incarner le même universel de la nature humaine, on doit reconnaître qu'elles sont toutes, de manière explicite ou latente, en compétition les unes avec les autres. Et un tel danger est définitionnel de la vie. Vivre est combattre. Le mondialisme, comme refus des nations, est une fascination entropique, ainsi nihiliste, se donnant les attributs de la félicité terrestre. Le mondialisme, comme refus des différences nationales, est bien refus du Politique puisque le Politique n'est pas sans la nation. Mais par là il est refus de la vie puisque le Politique est l'art et la science qui régit la *vie* communautaire. Donc il est ce collapsus attestant la décision de l'humanité de se résoudre au suicide, et c'est pourquoi une telle humanité mondialiste se défait dans l'individualisme, désorganisation du tout organique.

Lettre aux nationalistes païens ou agnostiques

Les reproches sans appel

Les nationalistes traditionnels s'efforcent à restituer à leur pays sa grandeur passée, et de le revitaliser en s'enracinant dans ce passé, en vue d'un futur capable de conjurer le trou noir du mondialisme, pompe aspirante mortifère en forme de collapsus. Les païens, néo-païens ou « laïcistes » reprochent aux nationalistes habités par un tel souci de se référer, en tant qu'Européens, aux principes chrétiens qui ont historiquement forgé l'Europe.

PAGANISME *VERSUS* CATHOLICISME

    Ils considèrent que le christianisme est une religion orientale d'origine juive, qui charrie avec elle tous les travers émollients du judaïsme : haine du monde au nom d'un arrière-monde, égalitarisme sécrété par une mentalité d'esclave révolté, haine de la force naturelle, ce qui chez le chrétien se solde par la religion de l'amour et du pardon ; le refus du culte du guerrier, la supériorité de Carthage par rapport à Rome et du commerce par rapport à l'épée ; le culte de l'or, cette « putain universelle » (Shakespeare) ; la négation de l'héroïsme générateur d'orgueil ; le refoulement de l'esprit de conquête indifférent aux droits de la personne humaine conçue à l'image de Dieu. Refonder la grandeur de l'Europe, du peuple indo-européen, ne peut se faire, selon eux, qu'en réhabilitant les beautés prestigieuses du paganisme, en exaltant l'esprit faustien ou prométhéen de l'homme qui ose se faire surhomme, qui refuse dédaigneusement une surnature qui lui serait offerte par un Dieu créateur par là donateur d'une nature humaine qu'il n'appartiendrait désormais plus à l'homme de se donner lui-même. Religion de sous-hommes en attitude congénitale de femelles face à leur Dieu qui les féconde de sa grâce, le christianisme serait radicalement incompatible avec le génie du monde européen en ses fondements grec, germanique, latin et celtique. Vatican II et Bergoglio sont dans cette perspective le terme ultime d'une vision du monde de décadents, de ratés, de faibles, d'hommes de ressentiment à la vitalité morbide. En appeler au christianisme, et singulièrement au dogmatisme catholique, pour faire recouvrer son identité à l'Europe et à ses nations, ce serait réenclencher, en ravivant les origines de ce qui les exténua, le processus qui se consomme dans le mondialisme. Homère, Calliclès (« pitié pour les forts »), Nietzsche, Spengler, le druidisme, Heidegger, l'empereur Julien, Frédéric II Hohenstaufen, voilà les éléments de culture et les modèles auxquels il convient de se référer si l'on entend être cohérent. Le Cœur sacré de Jésus, les Litanies de la sainte Vierge, les chemins de croix, les actes de contrition, l'exacerbation castratrice de la conscience du péché, et plus généralement de la culpabilité, le « venin du Magnificat », tout cela doit être extirpé de la conscience européenne. Il est plus noble de jouir que de souffrir, de créer que de méditer, de vaincre que de prier ; même le fascisme et le national-socialisme, qui se voulaient protecteurs du christianisme, sont encore contaminés — pour le néo-païen qui leur préfère Georges Sorel, Ernst Niekisch, et Strasser — par ces billevesées d'Orientaux fanatiques et malades échappés du désert. Et l'esprit intellectualiste de Socrate, et la métaphysique, et le primat de la contemplation sur l'action, tout cela doit être foulé aux pieds une bonne fois pour toutes. Au commencement était l'Action, au commencement était le souci esthétique inspirant l'action. Il n'y a pas de vérité objective définitive, il n'y a que du devenir, et la fidélité à soi-même d'un peuple consiste non dans ce qu'il devient mais dans sa manière de le devenir, ainsi et en dernier ressort dans son *style*. Le Beau est au-dessus du vrai, la force est au-dessus de l'ordre, la volonté est au-dessus de la raison, l'âme est quelque chose du corps et il y a une intelligence du corps qui vaut bien toutes les raisons spéculatives, lesquelles ne sont qu'un raffinement plus ou moins occidentalisé du pilpoul. La guerre est divine : ce n'est pas nous — font observer les néo-païens — qui le disons, c'est votre Joseph de Maistre maçon et chrétien, théocrate et judéophile. Le christianisme, rejeton du judaïsme, est le grand responsable de la décadence de l'Occident. Et au vrai le nationalisme lui-même, toujours plus ou moins mâtiné de nationalitarisme, qui subordonne la race et le naturel de l'esprit indo-européen à la construction nationale culturelle et intellectualiste, relève d'une mentalité boutiquière, déjà bourgeoise et mercantile, étrangère au vent puissant des grands espaces. Il a existé un peuple indo-européen, comme l'a montré Jean Haudry : la linguistique établit que la langue indo-européenne est la racine reconstituée des langues modernes d'Europe, et il n'est pas de langue qui ne soit née et conservée dans un peuple. Et l'idée même d'un Dieu transcendant instaure cette conscience malheureuse qui dispose à s'inventer des arrière-mondes, entretient l'esprit servile des fanatiques de l'intériorité incapables de vouloir se réaliser dès ici-bas en faisant valoir leurs forces créatrices au dehors de soi, cultivant la haine de soi génératrice de haine universelle formalisée dans l'esprit de ressentiment. L'intelligence n'est qu'une petite chose à la surface du vivant, le « caractère » — synthèse de la passion et de la volonté — est supérieur à la raison, et le primat de la raison sur le caractère et sur sa force *sui generis* est une maladie d'origine orientale, une passivité en peine de justifier ses renoncements à l'action, une fuite dans le rêve d'un monde statique suscitée par l'effroi qui s'empare des faibles confrontés à l'éternel devenir, une impuissance des esprits fragiles confrontés au devoir d'inventer un sens au monde — sommet de la volonté de puissance — qui en est en soi dépourvu mais dont l'existence illusoire est rassurante et offre sa nourriture à la raison. Placer la raison au-dessus du caractère, c'est mettre la vérité au-dessus de la vie, c'est là le blasphème intellectualiste qui reproduit de manière réfléchie le blasphème du Dieu transcendant ou de l'arrière-monde inventé pour dénigrer le monde réel. Seul le christianisme, expression du fatalisme geignard de la pensée orientale, explique la genèse de l'égalitarisme et du pacifisme formalisés dans l'esprit démocratique, revendication des médiocres expressive de leur volonté de puissance anémiée. La masse, la piétaille des médiocres n'a donc d'autre vocation que de servir de terreau aux élites, mais en même temps, en tant que capable, dans l'inconscient collectif qui l'anime, de les rendre possibles et de les faire surgir de son sein, cette plèbe est comme habitée par un génie propre, une âme populaire divine, une forme d'immanence du divin accédant à la conscience de lui-même en ces élites qui se révèlent, sous ce rapport, au service de la communauté : le tout populaire se fait matière sacrificielle d'érection dans lui-même d'individualités exceptionnelles ; mais ces dernières, en retour, l'élevant à la dignité d'un

« *Volk* » et d'un « *populus* », s'ordonnent à lui comme à la puissance infiniment féconde porteuse de toutes ses manifestations culturelles futures ; et cette causalité réciproque entre le Moi des meilleurs et le tout de l'esprit du peuple, qui glorifie la personnalité créatrice sans tomber dans l'individualisme, n'est concevable que dans la perspective de l'immanence de l'absolu. Or le fléau du christianisme est venu troubler cette action réciproque définitionnelle de l'organicité, il a mis deux mille ans à la détruire mais il y est parvenu, quelque effort que l'Europe ait pu prodiguer pour digérer son poison en l'occidentalisant. Vient un temps où il est vital de rejeter un tel poison, quand la réflexion et l'histoire en sont venues à la certitude qu'il n'est pas assimilable.

La valeur de la raison

Il n'est pas douteux que toutes les nations européennes sont issues d'un même peuple originaire doté d'un patrimoine biologique et d'une mentalité marqués qui se retrouvent, à des degrés divers, dans chacun de ces peuples. Et c'est là une chose importante, précieuse, qui doit être préservée. De manière générale, maintes critiques néo-païennes de la mentalité chrétienne contemporaine — même celle des catholiques de Tradition — sont au moins en partie fondées, ainsi qu'il le sera développé ici en particulier dans la *Lettre aux catholiques*. Mais cela ne signifie pas que de tels travers affichés par les catholiques, qui sont en soi accidentels, devraient inviter à remettre en cause l'essence du christianisme lui-même, ainsi du catholicisme. Il sera établi plus bas que le christianisme bien compris surélève sans les détruire les vertus du paganisme, dans et par l'acte d'achever le judaïsme, c'est-à-dire de le consommer en le détruisant. Le christianisme est *l'achèvement* du païen, qui le dépasse en le surélevant, et le judaïsme n'est que le catalyseur historique et instrumental de ce dépassement. Autant le païen libéré de ses limites et de ses tares subsiste dans le chrétien, autant le Juif y disparaît sans reste, fors celui de la libération, dans le païen, de ce qui l'empêchait d'être pleinement lui-même.

Douter de la valeur de la raison et de son statut de valeur souveraine, c'est encore user de sa raison, c'est confesser la valeur de ce que l'on déclare n'en avoir pas, c'est par là se contredire et s'anéantir. Douter de la raison sans faire s'anéantir la raison, c'est attester la valeur du doute exercé par la raison dubitative qui, par là, s'affirme dans sa négation. Mais ce qui s'affirme dans sa négation, c'est ce qui se fait affirmer par l'auto-négation de ce en quoi il se conteste, et qui par là confère à la raison une forme circulaire attestant qu'elle est infinie, puisqu'elle a dans elle-même son autre, sa limite et sa négation. Mais ce qui est infini, en fait de puissance de connaître, ne saurait être limité au phénomène des choses, à une représentation du réel qui n'exprimerait pour nous la réalité qu'en celant l'en-soi de cette dernière : les choses sont en elles-mêmes identiques à ce qu'elles sont pour la raison élaborant sa connaissance des choses ; la connaissance du réel n'est pas représentation subjective de ce dernier, elle n'est pas interprétation aléatoire et toujours ajournable, mais présentation objective de l'essence de la réalité.

Cela dit, la conscience est la raison s'apparaissant, et la conscience d'exister n'est pas fondatrice de l'existence de la conscience, ce qui revient à dire que la raison n'est pas fondatrice de la réflexion qu'elle exerce, elle est infinie sans être son origine. De plus, la conscience n'advient à elle-même, à peine de s'éclipser, qu'en se faisant « révélante-révélée », elle n'a d'être que par l'acte de dévoiler l'être dont elle est la conscience. Donc ce dont elle a conscience existe indépendamment d'elle, puisque l'actualité de son opération cognitive est suspendue à la réalité de ce qu'elle connaît ; elle n'est ni l'origine d'elle-même ni celle des choses. Il reste que la pensée de l'être est l'acte pour l'être de se faire pensant en elle.

Et les lois logiques qui régissent le fonctionnement de la raison ne sauraient être autres que celles de la réalité, sans quoi les procédures logiques par lesquelles elle élabore le savoir qu'elle a d'elle-même ne la feraient pas se connaître telle qu'elle est, mais seulement telle qu'elle s'apparaît ; et l'idée même selon laquelle ses lois ne sont pas celles de la réalité serait une idée n'engageant que le savoir que la conscience a d'elle-même supposée étrangère dans son être à l'être — y compris le sien — dont elle est la conscience, ainsi étrangère à elle-même et par là bien incapable de prendre acte de sa limite ; ce qui se *sait* limité prouve qu'il ne l'est pas, du seul fait qu'il le sait.

Force est ainsi, d'après ce qui précède, de reconnaître que l'ordre des raisons de connaître est l'ordre des raisons d'être, et que la raison inductive est immédiatement réaliste ; le chemin qu'emprunte la raison pour aller de l'apparence manifeste des choses à leur essence est le chemin qu'emprunte l'essence des choses pour être la réalité ; et le chemin qu'emprunte la raison pour passer d'une vérité à une autre est l'expression d'un rapport de causalité qui existe dans la réalité même. Mais par là la raison ou pensée en mouvement coïncide avec la raison des choses.

Par ailleurs, toute connaissance est reconnaissance ; on doit savoir au moins implicitement ce que l'on cherche pour se mettre à chercher à le savoir. Aussi l'idée que l'on cherche est-elle, dans la pensée, le moteur de la recherche de l'idée qui ainsi *se* cherche et se trouve et se réfléchit et est cette réflexion même : l'Idée de la raison est riche de toutes les idées qui l'animent et la finalisent ; chercher la Bonté dans les choses bonnes, l'essence du réel dans le réel — et c'est bien là connaître le réel lui-même — suppose la possession de cette idée pour rassembler les choses dites bonnes, et les comparer entre elles. Dès lors :

L'ordre des raisons de connaître est l'ordre des raisons d'être (puisque les catégories et lois de la raison sont celles des choses) ; or l'idée de la connaissance des choses précède la connaissance de l'idée de ces choses (puisque toute connaissance est reconnaissance) ; donc l'idée des choses précède les choses elles-mêmes ; elle les précède selon le temps et surtout selon la causalité. Il en résulte que le réel est une réalisation de l'Idée, laquelle est le « réellement réel ». Ce qui doit être, ce qui relève du devoir-être, est raison d'être de ce qui est, immanent à lui et comme investi en lui qui se déréalise à proportion de sa tendance à se soustraire à son Idée ; ce qui fait la réalité du réel, c'est son Idée se réalisant en lui. Or la raison exhibe et coïncide avec la raison des choses. Donc l'ordre moral des valeurs, expressif du devoir-être, est celui de la raison. Il en résulte que la raison est première tant du point de vue spéculatif de la connaissance, que du point de vue pratique ou moral de l'action. On ne peut s'efforcer — vainement — à placer la volonté ou le « caractère » au-delà de la raison qu'en ayant des raisons de le faire. Or la raison est universelle, donc la vérité et les valeurs morales le sont aussi en droit, et ne sauraient se réduire aux valeurs contingentes d'un peuple ou d'une époque. Il existe une hiérarchie entre les peuples et les cultures, et l'Europe en est la tête, parce que la particularité de l'Europe est de cultiver le sens de l'universel ; ce qui le prouve, c'est que la philosophie est née en Grèce, et ne s'est développée, en rompant avec les philosophèmes de la pensée mythique, qu'en Europe.

La maladie du relativisme

On prétend que l'universalisme, quel qu'en soit le contenu, serait totalitaire, mondialiste par essence, ablatif des différences qui font la richesse du monde. Selon le relativisme culturel d'inspiration nominaliste, « je suis fidèle à ma communauté, elle est bonne parce qu'elle est mienne, il n'existe pas de norme transcendant les cultures et les vies populaires, qui serait apte à les juger en les mesurant à l'aune d'un idéal anhistorique » ; mais cette tournure d'esprit se fourvoie dans une recherche indéfinie de la particularité raciale, ethnique, régionale, familiale, sans autre justification que l'orgueil de l'affirmation volontariste — ainsi sans raison — de soi, ou de la fidélité sentimentale à ce dont on procède et en quoi on se glorifie ; et le processus de cet enracinement irrationnel se consomme logiquement dans l'individualisme, le culte stirnérien de l'individualité. C'est pourquoi un Nietzsche récuse la pertinence de l'idée même de bien commun. Sous ce rapport, l'immanentisme, l'historicisme, le refus de toute transcendance, aboutissent, quoi qu'on en ait, au subjectivisme, lequel se consomme non moins logiquement dans le libéralisme et, ultimement, dans le communisme. Néo-païens et libéraux ne sont pas entre eux comme des contradictoires (l'un est la négation de l'autre), mais comme des contraires : ils s'opposent l'un à l'autre en tant qu'ils appartiennent au même genre, ce qui les rend solidaires l'un de l'autre à la manière dont les protagonistes d'une compétition s'identifient intentionnellement dans la poursuite d'un but identique.

Choisir suppose de juger, mais juger est comparer, se référer à un idéal normatif. Si cet idéal est objet de choix, on est renvoyé à l'infini : choisir est exclure, exclure est délibérer, délibérer est juger, de sorte qu'on en appelle implicitement à un autre idéal pour juger le premier ; et si la série des idéaux est infinie, elle est suspendue dans le vide ; un idéal tient sa valeur — ainsi son être d'idéal — de cet autre idéal auquel il est suspendu ; une série infinie d'idéaux, par définition, n'admet pas de premier ; elle se réduit donc à un moyen de communication de l'idéal, mais sans idéal à communiquer. C'est donc par un coup de force irrationnel que l'on en vient à conférer la valeur d'idéal à ce que l'on choisit comme tel, qui objectivement se réduit à une préférence subjective et gratuite. Mais si seule la force — domination brutale ou pouvoir de séduction — fait le droit, il suffit d'être le plus fort pour être dans son droit, et les plus forts d'aujourd'hui — à savoir l'esprit judéo-chrétien pris en son sens exact : le christianisme dénaturé, les faibles faisant de leur faiblesse une force — sont dans leur droit. À quoi bon alors s'insurger contre leur victoire et à quel titre peut-on encore la juger injuste ?

Juger est comparer, et l'on ne saurait faire des critères de choix (les valeurs culturelles) des objets de choix, puisqu'ils sont principes de choix ; si l'on choisit ou ratifie telle culture, tel système de valeurs, c'est parce qu'on le juge meilleur qu'un autre, et toute hiérarchie s'établit à partir d'un maximum qualitatif qui pour cette raison n'est pas choisi, mais reconnu. À ceux qui s'obstinent, dans une perspective en dernier ressort existentialiste, à prétendre que les valeurs sont objets de choix, ainsi que la raison n'est pas norme intrinsèque de la liberté, il faut faire observer que les termes de l'alternative constitutive de leur « choix » ne sont pas tel système de valeurs contre tel autre, mais bien plutôt : agir librement ou renoncer à sa liberté. La liberté suppose la raison puisqu'elle consiste à choisir et que choisir est délibérer ; l'autodétermination du vouloir par-delà toute raison est encore motivée par une raison : le refus, suscité par l'orgueil, de reconnaître le magistère de la raison. Mais parce que ce magistère est constitutif de la volonté libre, un tel refus qui prétend glorifier la liberté se réduit à l'acte suicidaire à raison duquel la liberté, renonçant à la raison, renonce à elle-même.

Si un principe de choix se veut aussi objet de choix, celui qui le choisit ou le prend pour objet le prend aussi pour principe, de sorte que ce dernier est à la fois origine et résultat du choix, mais cela revient à dire que c'est ce choix qui choisit, qui *se* choisit par la médiation de celui qui le choisit. S'il est intronisé principe par l'acte même d'être choisi par lui-même, il *est* l'acte de se choisir. À ce titre, il est positionnel de soi, il est une *réflexion*, mais il a par là la forme d'un cercle, d'une négation de négation ; ce qui revient à dire qu'il est assomptif de tous les choix possibles, aussi contraires soient-ils entre eux, qui s'en trouvent réduits à autant de moments de la réflexion sur soi qu'il est. Mais ce qui *est* tous les choix n'*a* aucun choix, car tout choix suppose une alternative, ainsi une exclusion ; ce qui est le tout ne peut se déterminer à autre chose que lui-même puisqu'il n'y a rien en dehors du tout ; ce qui est l'acte de se choisir est ainsi une liberté puisqu'il s'agit de choix, mais il est tout autant une nécessité puisqu'il ne peut choisir d'être que ce qu'il est. Si un être est ce qu'il choisit, si de plus il est définitionnel de son être d'être tout, sans rien d'extérieur, il ne peut rien exclure, et il se résout en nécessité, laquelle coïncide pour lui avec la liberté, car il n'en est pas moins l'acte de se choisir. Il est l'identité concrète de la nécessité et de la liberté, il est victoire éternelle sur tous les choix de ce qu'il pourrait être, sur tous les possibles qu'il pourrait choisir d'être et qu'il assume, sur toutes les manières particulières d'être qu'il pourrait se donner ; mais c'est là l'apanage de Dieu seul non seulement tout-puissant (incluant tous les possibles ou degrés de perfection) mais encore maître souverain de sa puissance active infinie.

On doit donc en conclure que la prétention à faire du principe des choix un objet de choix — prétention qui s'est révélée, pour l'homme, prendre la forme d'une prétention à s'autodéterminer en choisissant un système de valeurs par-delà toute raison — équivaut à avoir des raisons de se croire Dieu. Et nul n'est mis en demeure, s'il conserve un peu de sens du réel, de croire cet homme qui prétend qu'il est Dieu ; et supposé qu'on en vienne à le croire, ce ne peut être qu'en confessant qu'un tel homme est l'absolu, mais par là que les valeurs morales et les cultures se réfèrent implicitement à un absolu. Il n'est plus question d'être créateur de valeurs, ou plutôt, s'il en est question, ce ne peut être qu'à condition d'*être* la valeur de ces valeurs mêmes, et derechef on est en demeure de confesser que la volonté créatrice n'est pas antérieure à l'être, mais qu'elle est fondée dans et par l'être, parce que la valeur de l'être est l'être même en tant qu'il s'intronise valeur ou mesure de lui-même, à savoir réflexion : si l'ordre des raisons de connaître est l'ordre des raisons d'être, si la raison s'absolutisant se révèle réflexion, c'est que l'être en tant qu'être est réflexion, par là mesure de lui-même.

Un certain nietzschéisme, assotté d'antichristianisme ostensible et sentimental, prend modèle sur le *Sartor Resartus* de Carlyle — passage de l'Éternel Non (« *das Ewige Nein* ») au Oui oblatif du consentement au tragique de la vie insensée — pour se revendiquer du fascisme qui consisterait, dans la perspective d'un relativisme absolu, au terme d'un criticisme radicalisé en scepticisme, à s'appuyer sur un subjectivisme revendiqué pour en faire surgir, héroïquement, une création de valeurs destinées à conjurer la torpeur désespérée du nihilisme en lequel se consomment l'historicisme et le scepticisme. Il s'agit là non seulement d'une lecture éminemment contestable du fascisme, mais encore d'une impossibilité logique — « *gratissimus mentis error* » — qu'aucun volontarisme romantique ne pourra sauver : « Le pire dérèglement de l'esprit, c'est de croire les choses parce qu'on veut qu'elles soient, et non parce qu'on a vu qu'elles sont en effet » (Bossuet, *Traité de la connaissance de Dieu et de soi-même*). Le fanatisme du style, le héros esthétique, c'est un peu comme cet homme qui voudrait être saint, mais qui ne désirerait pas la vertu et la sainteté comme moyen d'aimer et glorifier Dieu, n'aspirant à la sainteté que pour se glorifier lui-même. Il s'agit alors d'aspirer au dépassement de soi non pour accéder à plus que soi, mais de prendre prétexte de l'effort d'accéder à plus que soi — peu importe alors l'idéal embrassé — pour jouir de sa propre excellence et reposer en soi-même.

La vérité captive du relativisme héroïque

Le surmontement d'un déficit de raison par l'arbitraire d'une volonté se révèle chose impossible en tant qu'absurde, comme il vient de l'être établi. En revanche l'idée, dans l'ordre du bien et non du vrai, d'une vocation à assumer la déréliction comme condition obligée de l'adhésion aux valeurs les plus hautes est la vérité captive de l'héroïsme romantique. Et cette idée, corrélative de la dédivinisation du cosmos induite par l'affirmation — grecque d'abord, chrétienne ensuite — du Dieu personnel transcendant, est le véritable principe d'inspiration du fascisme. Elle est la vérité captive de l'héroïsme nihiliste entendu telle cette prétention à sauver le monde de l'absurdité en projetant des valeurs destinées à lui donner un sens dont il serait dépourvu.

Si l'être en tant qu'être est réflexion (on vient de le montrer), il est négation de négation, victorieux du néant qu'il assume, par là assomptif de tous les degrés d'être, de l'infini actuel jusques au néant. Et la négativité immanente à l'être n'est nullement ce qui correspond au mal moral, lequel n'est nullement le négatif mais le refus de l'assumer précisément parce qu'il est négation de lui-même et position de l'être et du Bien. Le mal n'est pas la chrysalide en sa vocation à se renier, à vivre le néant d'elle-même comme condition de la surrection du papillon, il est la crispation sur soi d'une chrysalide qui voudrait être pour elle-même sa propre fin.

Si l'être en tant qu'être est rationnel (il l'a été montré ici plus haut) ; si l'absolument être est assomptif du néant, alors il est rationnel que le réel comporte un moment obligé d'irrationalité : le néant est fondement de l'être, non au sens où l'être surgirait du néant sans raison, mais au sens où le néant n'est pas raison suffisante de sa vertu fondatrice de l'être ; c'est l'être qui se fait néant pour se faire surgir de ce dernier, qui pose comme le fondement intestin qu'il se donne le non-être de et dans lui-même. Il est donc rationnel que le Bien, objet de l'amour et valeur des valeurs, assume son absolue privation, de sorte que l'amour qui tend vers lui doit consentir à faire l'épreuve d'une confrontation avec l'être et le bien pris comme insensés et comme néant. Et la volonté ou l'amour, en ce moment obligé de disponibilité à l'égard du néant, est invitée à s'exercer en faisant reposer sur elle seule, sans s'appuyer sur l'appétibilité du Bien, sa puissance d'autodétermination : je veux par-delà toute raison particulière de vouloir. Mais l'aptitude à entrevoir la possibilité du néant entendu comme fondement de l'être, à saisir l'être sur fond de néant, est corrélative de la révélation intellectuelle de ce que notre univers est en soi contingent, n'est pas le tout de l'être. La conscience du tout s'enrichit et s'approfondit en consentant à l'épreuve de se faire conscience angoissée s'ouvrant à la perspective du nihilisme. Or ce pouvoir d'accéder à l'angoisse métaphysique a été rendu psychologiquement possible par l'affirmation de la contingence de l'univers en lequel l'homme se reconnaît immergé. Et une telle contingence est corrélative de l'affirmation du Dieu créateur. Il est rationnel qu'il y ait de l'irrationnel. Le réel, considéré dans sa contingence, est le moment obligé de réalisation de rationnel, ainsi de la rationalité se grevant d'irrationalité. Aucune raison ne fera jamais agir personne s'il ne décide librement de s'ouvrir à sa nécessité. La raison est potentiellement infinie mais actuellement toujours finie parce qu'elle n'est pas sa réflexion (elle est donnée à elle-même comme réflexion, elle ne se donne pas elle-même à elle-même par son acte réflexif), et, en tant que finie, elle est invitée à se dépasser dans un acte qui mobilise la volonté, et qui n'est autre que l'acte de foi. C'est la raison qui croit, mais c'est la volonté qui fait croire (qui incline la raison à adhérer sans comprendre), et qui fait croire aussi longtemps que la Vision est oblitérée. Et il est rationnel que la raison se dessaisisse momentanément de son propre magistère sur la volonté pour se risquer dans la spontanéité de la volonté libre, parce que la volonté est elle-même un moment de la vie de la raison.

Il est ainsi dans la logique de l'intellectualisme accompli de faire sa place, au titre de moment de la vie réussie, à l'épreuve d'un volontarisme héroïque.

Mais c'est seulement moyennant l'affirmation d'un Dieu créateur que ce volontarisme est possible, par là immédiatement invité à se convertir en espérance. Et ce sera là non seulement l'espérance d'une rationalité absolue, mais encore la raison de cultiver l'espérance. « Les dieux n'étant plus et le Christ n'étant pas encore, dit Flaubert dans sa *Correspondance*, il y a eu, de Cicéron à Marc Aurèle, un moment unique où l'homme seul a été. » Pour le païen, le Monde était le divin, ou plutôt sa manifestation à lui consubstantielle, et l'homme se savait vivre dans l'absolu dont il se voulait un moment, un accident, une modification passagère vouée à se résorber dans l'infini de la substance divine ; la mort, comme expérience du tragique absolu, du nihilisme et de l'insensé, n'existait pas véritablement pour lui. Mais le passage du panthéisme mystique personnifié dans le culte des dieux — auxquels nul ne croyait plus vraiment — à celui d'un Dieu tout-puissant séparé, préfiguré par l'affirmation aristotélicienne du premier Moteur Pensée de Pensée, s'est accompli dans un moment historique particulier. Ce fut le moment où le « *terminus ad quem* » du paganisme s'exténuant, et le « *terminus a quo* » du déisme triomphant, identiques l'un à l'autre, ont fait coïncider la déréliction et le salut promu par la foi chrétienne : « *de profundis clamavi ad Te, Domine* » (psaume 130) ; des profondeurs de l'« *Abgrund* », fond sans fond, le cœur s'ouvre au Dieu « *superior summo meo* » à partir d'une angoisse absolue dont l'envers est l'immanence du Dieu « *interior intimo meo* ». Il s'agit là d'une angoisse que ne pouvait promouvoir le paganisme en tant que tel, bien qu'il eût en droit vocation à s'achever en elle. L'affirmation du Dieu transcendant, comme mort du panthéisme, est aussi genèse de l'angoisse métaphysique liée à la conscience d'un monde suspendu au néant (être créé, c'est procéder du néant), mais dont ce même homme s'était éprouvé solidaire dans son être même ; on ne se dispose à recevoir la foi qu'en s'émancipant du panthéisme mais, ce faisant, on affronte le nihilisme qui, loin de procéder de la perte de la foi, est le moment obligé de déréliction qui est comme le lieu de passage de la réception de la foi. Or le panthéisme, comme expérience vécue, était bien incapable d'aller jusqu'au bout de lui-même, ainsi de désenchanter le Monde et la vie, parce que c'est seulement la face positive de ce néant, comme « *terminus a quo* » de la vie surnaturelle, qui pouvait rendre viable le courage de l'affronter en sa version négative, comme déréliction. C'est donc en dernier ressort la suscitation chrétienne, contemporaine de l'agonie — indéfiniment prolongée si elle avait été livrée à elle-même — du panthéisme, qui fut la raison première de la genèse de l'angoisse et du volontarisme héroïque auquel elle invite. C'est pourquoi l'exaltation néo-païenne de la Renaissance, inspiratrice de la Volonté de puissance occidentale moderne, est elle-même, jusque dans ses errements, redevable de sa dynamique au christianisme. On ne voit pas, sous ce rapport, que le christianisme ait jamais pu constituer la matrice de la décadence contemporaine. Le paganisme est mort de mort naturelle, sous le poids de sa propre impuissance : « Qu'il y ait quelque part des mânes avec un royaume souterrain, et de noires grenouilles dans le gouffre du Styx, et qu'une seule barque suffise à transborder des milliers de morts, même les gamins n'y croient plus, à part ceux qui n'ont pas encore l'âge de payer leur entrée aux bains » (Juvénal, IIe siècle, *Satires*, vers 149-152).

Une mise au point

Pour éviter toute équivoque, on notera que ce qui, vécu du point de vue de l'homme naturel mondain, est objet d'angoisse, est aussi, du point de vue de la foi dont se font procéder l'espérance et la charité, le « *terminus a quo* » de la béatitude surnaturelle. En ce terme eût pu consister, dans la perspective non historique de ce que le catholique nomme « état de pure nature » (état de l'homme créé sans le don de la grâce), l'objet d'une béatitude naturelle, pour autant qu'un tel terme soit appréhendé « *ad tergum* », par réflexion sur soi de l'esprit s'emparant de sa racine immanente, ainsi du néant dont il procède, ce qui n'est possible que pour une âme séparée du corps et devenue transparente à elle-même. Est esprit ce qui s'objective, s'objective ce dont l'extériorisation s'accomplit dans l'élément de sa vie intérieure, à la différence des réalités corporelles qui sont incapables de se contenir elles-mêmes (le verre contient de l'eau, mais ne saurait être pour lui-même son propre contenu, ainsi est-il en vérité extérieur à lui-même, et en cette extériorité à soi consiste sa matérialité), et c'est pourquoi le corps est principe d'inconscience. Parce que l'esprit humain est capable de réflexion, il exclut la matérialité, à la différence de l'œil qui saisit le visible mais non point l'acte même de voir. Si la mort est décomposition, s'il n'appartient de se décomposer qu'à ce qui est divisible, par là spatial et matériel, en retour ce qui est immatériel est indivisible, par là immortel. L'âme séparée se connaît tout entière et totalement et, pour autant qu'elle ne se soustraie pas à sa nature, elle se saisit du néant créateur dont elle procède. C'est de l'autre côté du miroir que ce qui est objet d'effroi se révèle source de félicité, et c'est cela qui explique en dernier ressort pourquoi le nihilisme, épreuve de l'angoisse absolue, est aussi tentation fascinante. Le néant est objet de félicité non quand le moi se refuse à toute intentionnalité extatique pour rentrer dans son giron obscur où il s'éclipse, mais quand il plébiscite, par réflexion, cette avancée — qui est régression — en forme de recherche, de l'être en tant qu'être qui le renvoie à lui-même en sa face ignorée de lui-même, dans l'en-deçà de son propre surgissement ; en tant qu'origine de l'homme immanente à lui, ce néant (qui, comme néant invité à se renier lui-même, est, dans la créature, son acte créateur même) ne débouche sur rien, il est déjà le rien sur lequel il débouche, il est source d'angoisse, il est ce sur quoi la conscience achoppe quand sa visée, opérée à partir de son ouverture au monde, lui fait saisir l'être communissime tellement indéterminé qu'il équivaut au néant : le réel est, mais cet être du réel est si évanescent, tellement inconsistant qu'il se révèle néant ; mais en tant que néant d'être intérieur à l'être absolu (dès lors que l'infini en acte est victoire sur toute finitude), tel — en termes hégéliens — l'absolu dans sa négativité, un tel néant est le tout, il est objet de béatitude naturelle. En cette vie, l'abstraction de l'idée d'être est source de déréliction ; convertie en spéculation réussie sur l'acte d'être, elle annonce dans l'attente la félicité à laquelle est naturellement destinée l'âme séparée, et qu'assume et transfigure la grâce. Il n'est pas d'acte de conversion — l'ouverture volontaire à la foi — qui ne soit la reviviscence, intériorisée en chaque homme, de ce « moment où l'homme seul a été ».

Chrétiens et néo-païens s'accordent pour identifier, dans le souci du dépassement de soi, la condition d'une « existence authentique » et non « déchue », d'une vie humaine réussie, c'est-à-dire authentiquement humaine ; ils s'opposent dans la manière de concevoir cet autodépassement. Quoi qu'il en soit, il n'est pas de dépassement de soi qui, pour être un dépassement, ne doive consister dans la négation du moi, laquelle, comme requise par sa perfection à acquérir, le fait se réconcilier avec soi, ainsi l'affirme lui-même. Il n'est donc pas de dépassement de soi épanouissant qui ne soit l'acte d'aller au-delà de soi dans un terme qui est encore soi-même ; et c'est là une réflexion. Mais un tel terme ne saurait se limiter au moi, sans quoi la réflexion ne serait porteuse d'aucun progrès, mais se réduirait à une agitation vaine et au mauvais infini de la réitération. Et c'est bien ce que signifie la fameuse formule de saint Augustin : « *Tu autem eras interior intimo meo et superior summo meo* » (*Confessions* III, 6, 11), Tu étais plus intime que l'intime de moi-même, et plus élevé que les cimes de moi-même. En effet, Dieu est plus intérieur à la créature qu'elle ne l'est à elle-même, en ce sens que Dieu la connaît mieux qu'elle ne se connaît elle-même, et la connaît mieux parce qu'Il la fait être : elle préexiste idéellement en Lui avant que d'être en et pour elle-même, et Il maîtrise le processus de sa création ; ainsi, la créature est d'abord confondue avec l'idée — intérieure au créateur — que le créateur en avait, et elle se met à exister, à se différencier de son idée, par cette même idée qui lui demeure immanente comme la cause l'est à son effet ; faire exister quelque chose c'est, sous ce rapport, se mettre à l'intérieur de ce qui nous est intérieur, et c'est bien là faire contenir le contenant par son contenu, c'est faire se réfléchir ce contenant dans son contenu, car intérioriser l'extérieur, c'est faire revenir l'intérieur sur lui-même à partir de son extériorisation, c'est être réflexion maîtresse et raison suffisante de son processus, identité concrète de l'intérieur et de l'extérieur ; et tel est Dieu. Si Dieu est plus intérieur à la créature qu'elle ne l'est à elle-même, c'est qu'elle n'est pas absolument intérieure à soi, puisqu'un autre qu'elle peut l'être plus parfaitement qu'elle. Donc c'est cette extériorité à soi qui la constitue comme créature, et en retour l'Incréé est absolument intérieur à lui-même. Or il est encore chez lui en étant intérieur à la créature, il demeure intérieur à soi (c'est sa définition) tout en étant intérieur à ce qu'il n'est pas. Il demeure intérieur à soi tout en

LE CONFLIT NON SURMONTÉ DU NATIONALISME

demeurant intérieur au non-être de lui-même. Il est encore lui-même en n'étant pas ce qu'il est. Il est ainsi inclusif du non-être de lui-même, réflexion et, à ce titre, il est aussi position dans lui-même du néant qu'il surmonte, de telle sorte que le créé et l'Incréé s'identifient dans le néant de leurs réflexions constituantes respectives. Force est alors de convenir que la transcendance du Dieu chrétien, parfaitement assomptive de l'immanence païenne, radicalise, loin de l'exténuer, l'aspiration au dépassement de soi définitionnelle de l'héroïsme païen. En s'atteignant, dans et par l'acte de l'épreuve de la mort, par réflexion sur soi complète, la créature atteint la manière dont son Dieu se rend immanent à elle pour la faire exister : « *Noli foras ire, in teipsum redi* ; *in interiore homine habitat veritas* » (saint Augustin, *De vera religione*, I 39) ; aussi y a-t-il bien immanence parfaite, et sous ce rapport il y a radicalisation de l'immanentisme païen ; mais il y a tout autant transcendance absolue parce que ce Dieu considéré dans sa positivité éternelle dépasse infiniment la créature ; et la conscience de cette transcendance accuse, loin de l'édulcorer, le caractère dramatique de l'arrachement à soi définitionnel de l'acte — célébré par le paganisme — de s'excéder. C'est donc paradoxalement la transcendance de l'absolu qui satisfait seule aux réquisits de la conception païenne de la béatitude. Et telle est la vraie « transcendance dans l'immanence », dont la caricature moderne sera évoquée ici dans la deuxième partie.

Renaissance de fait et Renaissance de droit

En droit, ce qu'il est convenu de nommer la Renaissance avait vocation à prendre acte, en en tirant toutes les conséquences, de la différence réelle entre l'ordre naturel et l'ordre surnaturel, différence que l'esprit théocratique de l'âge médiéval — moment extraordinairement fécond et nécessaire, mais simple moment et non terme ultime — avait quelque peu oblitérée afin de vaincre la nature rebelle à la grâce, et rebelle parce que congénitalement blessée. C'est pourquoi cette anamnèse des grandeurs du paganisme à l'intérieur du christianisme était elle aussi nécessaire en droit, bien qu'elle ait été en fait corrompue par une tendance gnostique à faire s'insurger la nature contre la surnature. Il reste que le passage nécessaire du monde clos à l'univers infini (Koyré) s'accompagna logiquement, comme conclusion des spéculations médiévales, de l'angoisse métaphysique formulée dans l'effroi du silence des espaces infinis (Pascal), et que cette angoisse métaphysique était la reviviscence obligée, en milieu chrétien, comme mise à l'épreuve nécessaire de la solidité d'un tel milieu, de ce « moment unique où l'homme seul a été ». La surnature soigne et surélève la nature dans un même acte. Le Moyen Âge a été l'exercice de cet acte en privilégiant la surélévation, mais, puisqu'un tel acte était aussi « *sanans* », il invitait la nature à s'autonomiser, à se ressaisir, restaurée, à l'intérieur de sa surélévation et sans s'y opposer, ce qu'elle ne sut faire qu'à moitié, et au vrai ce qu'elle fit de manière si déficiente que la modernité dont elle accoucha devint bientôt antichrétienne. Mais l'épreuve de cette autonomisation était dans la ligne logique des efforts et des vertus médiévaux. Or ce ressaisissement était inclusif d'une reviviscence de l'angoisse métaphysique, où la raison ne se maintient tendue en ses limites que moyennant l'héroïsme de la volonté : ce que l'incroyant perçoit comme invitation au volontarisme héroïque n'est que l'expression voilée de cette invitation faite à la volonté pure d'incliner l'intellect parvenu en ses limites naturelles à poser l'acte de foi ; donc le surgissement de la puissance de la volonté héroïque, vérité de la volonté de puissance néo-païenne, n'était possible qu'en contexte chrétien, comme au reste, à sa manière, Nietzsche en fait implicitement l'aveu dans la *Généalogie de la morale* : il rend malgré lui hommage au christianisme dans l'acte de le conspuer férocement, puisqu'il confesse que l'éclosion chrétienne de l'intériorité rend l'homme plus intelligent et plus dangereux. Est naturaliste ce qui prétend se passer de la grâce, comme si la nature humaine était parfaite dans son ordre propre ; est surnaturaliste ce qui ne conçoit l'intromission de la surnature dans la nature que sur le mode du conflit entre les deux, même en ce qui concerne les appétits demeurés droits de la nature. L'Antiquité était le culte naturaliste du monde clos panthéiste ; le christianisme primitif était la déconstruction surnaturaliste de ce monde clos : l'Église primitive était surnaturaliste quant à la forme afin de décrisper cette fermeture sur soi d'un monde païen étranger à lui-même du fait de sa blessure originelle peccamineuse ; le Moyen Âge héritier des grandeurs païennes redécouvertes fut la recomposition de ce monde clos — parfait dans son ordre — en contexte surnaturel, mais sans faire aller la nature jusqu'au bout d'elle-même ; la Renaissance aurait pu être la déconstruction, à l'intérieur du christianisme, de ce qui restait de surnaturalisme dans le monde clos médiéval ; la modernité eût alors été la genèse d'un monde clos inclusif de son ouverture à l'infini, et d'autant plus ouvert à la transcendance que plus parfaitement achevé en lui-même, ce qui eût été l'âge des nationalismes raisonnables subsumés par l'Empire à vocation universelle et finalisés par l'Église, mais non théocratiquement fondés par elle. L'histoire réelle n'a pas su se conformer à cette logique, mais une telle logique demeure le principe d'explication de l'histoire, et la norme idéale d'élaboration du futur, si tant est que l'idée d'un futur terrestre soit encore, en notre temps, à l'ordre du jour.

Réalisme et idéalisme, l'affirmation de Dieu

Parce que la raison, en vertu de sa réflexivité, a la forme d'une victoire sur son autre qu'elle réduit à un moment d'elle-même ; parce que l'autre de la raison est la réalité que la raison pense tel son objet ; parce que la *pensée* de l'Idée est pensée de soi *de l'Idée* en elle, puis donc que le fondement de la raison pensante est l'Idée qu'elle pense et qui se pense en elle, alors le réel est en droit une objectivation de soi de la raison ; pourtant la raison — humaine — n'est pas la raison suffisante de la réflexion qu'elle exerce, puisqu'elle ne se fait pas exister en se pensant. Donc le réel se révèle objectivation de soi de l'Idée de la raison, en tant que cette Idée préexiste à la raison elle-même. Mais il n'appartient de s'objectiver qu'à ce à quoi il appartient d'être un sujet. Donc il existe un Sujet pensant qui est raison suffisante de la réflexion par laquelle il est sujet. Ce Sujet fonde dès lors — en laissant aller hors de soi, les livrant à eux-mêmes dans une indépendance qui les modifie intrinsèquement, selon un moment ou aspect de cette objectivation intestine de soi qui lui est consubstantielle comme son Verbe — *et* la réalité en général entendue comme objet de la pensée, *et* la réalité des sujets pensants qui ne sont pas la raison suffisante de leur réflexion, ainsi qui opèrent dans le sillage de la Raison absolue. Et ce Sujet est l'absolu, identité de l'être et du connaître, éternelle réflexion dont les Idées sont les moments, dont les actes d'objectivation *ad extra*, comme actes créateurs contingents, posent à la fois les sujets pensants que nous sommes, à la fois les choses connues. En tant qu'il est reconnu comme personnel, un tel Sujet est nommé Dieu.

À peine de se réfugier dans l'arbitraire, et de s'y perdre, il est impossible de reconnaître à la raison ses authentiques puissances de savoir en se dispensant d'affirmer Dieu : penser Dieu comme n'existant pas est penser contradictoirement, par là renoncer à la pensée. Si l'ordre des raisons de connaître est l'ordre des raisons d'être — condition des pouvoirs de connaissance métaphysique de la raison —, il est impossible de rendre logiquement raison de l'existence de Dieu (lequel, comme cause première, rend par définition raison de toute chose) tout en se dispensant de la prétention délirante à rendre ontologiquement raison de Lui, autrement qu'en Lui empruntant l'énergie à raison de laquelle Il rend raison de Lui-même, à tout le moins en se plaçant dans le sillage de cette dernière. L'homme pense, donc Dieu existe.

La faiblesse des forts, envers de la force des faibles dénoncée par les forts

Une volonté de puissance qui s'absolutise en se prenant pour fin doit nécessairement s'exercer sur elle-même à peine de dégénérer en faiblesse, parce qu'une force qui s'exerce sur ce qu'elle n'est pas, pour le dominer et pour le vaincre, est essentiellement relative à ce qu'elle conteste, se pose en s'opposant, fait l'aveu de sa faiblesse, de sa relativité et de sa contingence, ainsi de sa non-absoluité. Mais ce qui se prend pour objet et s'exerce sur soi est le propre d'une réflexion, et il n'est pas de réflexion qui ne se réfère à une pensée, ainsi à une raison. Sous ce rapport, l'absolutisation de la volonté de puissance, qui se veut radicalisation de la puissance de la volonté, lui enjoint de faire l'aveu qu'elle est dans son fond raison, et qu'elle n'est véritablement volontaire que si elle est d'abord raison. Et c'est en Europe que la volonté de puissance — ou désir de vivre, ou désir d'être — est devenue raison, parce que c'est en Europe et seulement en elle que la philosophie est née. Le sommet de la force, c'est l'aptitude à demeurer identique à soi dans sa différence d'avec soi, auprès de soi dans le moment de sa déchirure aliénante, vivant dans l'acte d'éprouver la mort, fort dans l'acte de plébisciter l'épreuve de la faiblesse. C'est pourquoi la force qui entend n'être que force dégénère en faiblesse, à la manière dont la témérité qui contourne l'épreuve de la peur ou de la crainte se convertit tôt ou tard en lâcheté. La crainte est le commencement de la sagesse parce qu'elle est le moment obligé d'actuation du courage.

La raison rend raison, elle est par essence remontée au principe. C'est pourquoi elle est affirmation de Dieu. Par là, la culmination de sa puissance se résout dans un paradoxe nécessaire : c'est au moment où elle se maximise que la puissance est mise en demeure de subir la séparation du fini et de l'Infini, du monde et du divin, de l'immanence et de la transcendance. Il en résulte plusieurs conséquences.

L'amour et la haine

Premièrement, la force est faiblesse assumée et vaincue, le courage n'est pas la témérité mais la crainte surmontée, toute comme l'espérance lucide est le désespoir surmonté. On reproche beaucoup au christianisme d'être une religion de l'amour, induisant une mentalité d'esclave qui ne rend pas les coups mais bénit ses oppresseurs, de lâche qui choisit la sécurité dans la honte et la servitude au lieu de plébisciter la vie dangereuse et héroïque. L'exaltation de l'humilité serait l'effet d'une « *despectio sui* » morbide, et la préférence donnée à l'amour au détriment de la guerre serait l'expression d'un collapsus des énergies vitales, puisque vivre est combattre, tuer, dominer, vaincre, s'affirmer en soumettant autrui.

Un tel discours serait vrai s'il n'était fondé sur une fausse conception de l'amour, laquelle conception relève d'une adultération humaniste et personnaliste de la notion d'amour. S'ils ne méconnaissaient pas la vraie nature de l'amour, les laudateurs des vertus viriles de la guerre ne mépriseraient pas cette vision du monde qui revendique d'être fondée sur l'amour, parce que l'amour, ontologiquement, a la forme d'une victoire sur la haine, ainsi d'une *réconciliation* :

L'amour, pris en son acception la plus large, est puissance d'union ; il est cette force qui tend, de deux, à faire un ; le prédateur aime sa proie en la convertissant — par l'acte de la détruire et de se l'assimiler — à son identité, et de deux qu'ils étaient il ne fait qu'un, à savoir lui-même ; et l'amour de bienveillance par lequel l'amant aime l'aimé en lui voulant du bien, et en trouvant son propre bien dans cet acte même de vouloir le sien, veut encore l'unité en tant qu'il est disposé à s'effacer, au point de donner sa vie pour le bien de l'aimé, ce qui est encore réduire la dualité à l'unité. Mais l'actualisation de cette force instaure une relation entre amant et aimé, laquelle, comme toute relation, est essentiellement relative à ses termes. Aussi la concrétisation de l'unité, qui abolit la dualité et avec elle la relation, ne consomme les vœux de l'amour qu'en abolissant l'amour lui-même. Or l'amour est aimable, il s'aime lui-même et aspire corrélativement à se consommer *et* à se conserver. Il y a donc une contradiction, bien restituée dans le texte suivant :

« Amour, cela veut dire d'une manière générale la conscience de mon unité avec un autre, si bien que je ne suis pas isolé pour moi, mais que je n'acquiers ma conscience de moi qu'en renonçant à mon être pour soi et en me connaissant comme unité de moi avec l'autre et de l'autre avec moi (...). Le premier moment dans l'amour c'est que je ne veux plus être pour moi une personne se suffisant à elle-même et que, si je l'étais, je me sentirais défectueux et incomplet. Le second moment c'est que je conquiers mon être dans une autre personne, que je gagne en elle la valeur que de son côté elle gagne en moi. L'amour est donc la plus énorme de ces contradictions que l'entendement <qui sépare sans réunir, à la différence de la raison> est impuissant à résoudre. (...) Il est à la fois la production et la résolution de cette contradiction, en tant que solution il est l'unité morale des êtres » (Hegel, *Principes de la philosophie du droit*, addition au § 158).

Pour lever cette contradiction, l'amour se fait engendrement, fécondité, position d'un fruit dans lequel l'amant et l'aimé sont un, sans cesser de demeurer différents, ce qui permet de faire se consommer l'amour sans le supprimer. Il n'est pas, en retour, de fécondité ou de jubilation créatrice qui ne soit l'effet d'un exercice de l'amour, que ce dernier soit charnel ou spirituel. Or le processus à raison duquel l'aspiration à l'unité s'accomplit dans le respect de la dualité obéit aux scansions suivantes : amour du bien, puis unité avec lui, puis retour réflexif sur lui-même et enfin engendrement dans un troisième. Et le retour réflexif sur soi est nécessairement la négation momentanée de l'unité, et par là il se révèle répulsion ou haine de l'aimé corrélative d'un amour de soi de l'amant, ressourcement de l'amour dans son origine potentielle en vue d'une confirmation de son aspiration à l'aimé, laquelle, conservant le moment de la différence conflictuelle, la sublime en engendrement d'un troisième. Qu'est-ce à dire, sinon que l'amour a la forme d'une victoire sur la possibilité de la haine, ainsi d'une victoire sur la guerre ? Et en retour, c'est à la puissance de l'amour que la guerre emprunte son énergie sublime. Ou encore la guerre se radicalise en se convertissant en amour qui en retour ne se maintient en son identité qu'en assumant un moment polémique obligé qui, au reste, resurgit, comme puissance de destruction, aussitôt que l'amour se refroidit. La guerre a un sens, elle n'est pas folie, elle a une logique, elle ne devient folie que si elle se déconnecte de ce en quoi elle s'origine, elle ne devient insensée qu'en *édulcorant* la négativité qui fait la trame de l'amour. L'espoir, l'audace et la colère, l'instinct de domination visant à aimer la victoire sur l'obstacle qu'on veut détruire et qu'à ce titre on hait, et qu'on aime comme étant à affronter et à détruire parce qu'on aime la lutte par laquelle on s'oppose à lui, ce sont autant de mouvements expressifs de cette négativité intestine à l'amour même, de sorte que l'opposition de l'amour qui pardonne et de la haine qui crie vengeance, de l'amour qui invite au sacrifice de l'amant et de la haine qui aime le sacrifice de l'ennemi, est une opposition qui s'établit dans l'essence même de l'amour. Il en résulte que vouloir opposer la loi de la force dominatrice à la loi d'amour revient à détruire la force dominatrice elle-même. Pour dire les choses de manière plus technique, il y a coextensivité dialectique entre l'affirmation de soi qui nie l'autre, et l'affirmation de l'autre qui invite à l'effacement de soi. On ne peut vouloir l'un sans vouloir l'autre. Autant dire que la loi chrétienne de la charité, de la miséricorde, de l'humilité et du pardon, est comme la plénitude de la loi de justice, de légitime vengeance et du plébiscite de l'instinct de victoire. Celui qui s'aime au détriment des autres et aspire aux victoires au travers desquelles s'exalte la glorification illimitée de soi, c'est celui qui s'aime au point de se prendre pour fin mais qui, incapable de se nourrir de lui-même sans exercer un rapport à autrui, fait l'aveu de ce qu'il a besoin de mériter par ses victoires de se trouver aimable à ses propres yeux. Ce qui revient à confesser qu'il aspire au dépassement de soi pour s'aimer, en s'aimant au point de viser à ce dépassement glorifiant de soi qui culmine dans la prétention à se déifier, et tel était le fond de l'aspiration des anciens héros humains : être convertis en dieux sans cesser d'être des hommes. Il y a là quelque chose de contradictoire, puisqu'il faut être divin pour avoir la puissance de se déifier, et n'être qu'humain pour n'être pas divin en acte : le désir d'être Dieu est un oxymore. Or c'est le christianisme qui résout cette contradiction, laissant au divin l'initiative de s'humaniser pour déformer l'homme, convertissant par là le désir inefficace et insane d'être Dieu en désir de Dieu gravide — par Dieu — du pouvoir de devenir Dieu : « *Factus est Deus homo ut homo fieret Deus* » (saint Augustin, *Sermon* 9) ; l'ironie divine est de faire dire la vérité au diable : « vous serez comme des dieux », mais dans et par Son Fils, qui est Dieu. L'amour éternel du Père pour lui-même en tant qu'autre serait impossible s'il ne se faisait géniteur de son Verbe qu'il aime et qui l'aime en et comme l'unique spiration de l'Esprit ; si la loi d'amour, gravide de négativité surmontée, est l'étoffe de l'essence divine elle-même, quand l'humanisation du divin déforme l'homme en l'invitant à se conformer au Dieu-Homme, alors cette conformation, dans un même acte, invite l'homme à s'oublier, à renoncer à lui-même comme Dieu s'oublie et renonce à sa puissance dans l'Homme-Dieu, *et* communique sa négativité à cet amour de l'homme pour Dieu, par là lui communique ce dépassement de toute violence assumée : la conversion de ce désir inefficace d'être Dieu par ses propres forces en cet humble désir de Dieu rendant efficace, par condescendance divine, le désir d'être Dieu, loin de supprimer la négativité de l'amour, la fait se radicaliser. La gloire des héros culmine dans la sainte humilité.

LE CONFLIT NON SURMONTÉ DU NATIONALISME

Raison et religion

Deuxièmement, il est rationnel que la raison s'ouvre à la foi. La foi excède la raison, mais il est rationnel de croire.

Ce qui se *sait* fini, c'est ce qui s'objective sa limite, mais il est au-delà de sa limite pour se savoir limité ; il faut être infini pour se savoir fini. Pourtant, ce qui ne se fait pas exister ne rend pas raison de ce à raison de quoi il est ce qu'il est : il faut être, pour être quelque chose ; si ce qu'il est (son essence) n'est pas raison suffisante de son acte d'être (son existence), il procède d'une cause en laquelle il préexistait virtuellement, qui par là l'excède en puissance, de sorte qu'il est nécessairement fini. Est infini ce qui s'objective puisqu'à ce titre il est réflexion, ainsi formé que l'au-delà de sa limite réflexive est encore quelque chose qui lui est intérieur ; mais étant en demeure de se reconnaître fini par là qu'il n'est pas raison suffisante de lui-même, il est fini en ce sens qu'il n'est pas raison suffisante de cette réflexion qui l'habilite pourtant à se dire infini. On obtient donc qu'il est invité à se reconnaître un au-delà de soi en puissance et en perfection, cependant que cette reconnaissance est le fruit de sa réflexion qui pourtant l'infinitise. C'est dès lors en vertu de son infinité rationnelle qu'il est sommé de confesser qu'il existe un au-delà de lui-même le disposant à s'ouvrir à la foi : il est bien rationnel de croire.

En tant que manque, le désir humain est proportionné à ce dont il manque, puisque l'être d'un manque est suspendu à l'être dont il est la privation. Le désir est donc mesuré par le bien qu'il appète. En tant qu'objet de choix, le bien est objet de la volonté qui, choisissant, exclut ce qu'elle ne choisit pas. Le bien que convoite le désir est donc un bien sélectionné, par là déterminé et fini. Mais le désir est lui-même désirable, de sorte qu'il accroît sa pénurie à mesure qu'il se satisfait : plus il désire, plus il est désirable, plus est grand le désir de désirer. Le désir humain est donc potentiellement infini, et ne se peut satisfaire que d'un bien infini qui le revitalise en tant que désir dans l'acte où il le comble. Or un bien fini est un bien relatif à ce dont il est la limitation ; donc un bien infini — d'une infinité actuelle — n'est pas relatif mais absolu. Le désir humain est en son fond désir de l'absolu, désir de Dieu. Cela dit, l'absolu est par définition le non-relatif, et l'exercice d'un désir est la mise en relation de ce dernier avec son objet, donc le désir est structurellement impuissant à se satisfaire en cette vie, et la déréliction est la conscience de cette impuissance. C'est pourquoi l'homme a toujours été religieux, en attente d'une mise en relation du fini et de l'infini qui ne soit pas ablative de l'absoluité de l'infini, qui soit inaugurée par l'infini lui-même qui, comme maître de sa puissance, sait faire l'épreuve de la finitude sans cesser d'être infini actuel ; et c'est là être attentif à une Révélation. Il est essentiel à la religion véritable, c'est-à-dire à la religion véritablement religion, d'être une religion révélée. Et la religion véritablement religion est celle qui relie effectivement l'infini au fini. Est absolument religion, ou religion absolue, la religion selon laquelle *c'est l'absolu lui-même qui se fait religion*, relation, médiation de l'infini et du fini, celle donc selon laquelle l'absolu se fait médiateur de lui-même et de l'homme, témoin qui est son propre témoignage, et tel est le christianisme. Cela dit, si la Parole qui révèle n'est pas porteuse du critère de sa juste interprétation, elle est livrée à tous les arbitraires ; si elle en est porteuse, la raison qui l'accueille n'en est pas moins dans l'embarras, parce qu'il faut saisir la Parole pour avoir accès à la clé de sa compréhension, alors qu'il faut posséder cette clé pour saisir le sens de la Parole ; dès lors, un troisième terme est requis, qui habilite la raison à saisir la Parole qui l'accueille, qui donc soit distinct de la Parole à laquelle il donne accès, tout en étant quelque chose de la Parole elle-même pour échapper à tout arbitraire ; et tel est l'Esprit du Médiateur, lequel est reconnaissable sans doute ni confusion par le fait qu'il se choisit un lieu privilégié de sa manifestation mondaine, qui est l'Église, institution reconnaissable universellement et sujet de définitions dogmatiques explicitement présentées comme infaillibles. La religion catholique est la religion vraie parce qu'elle est la vraie religion, celle qui correspond au concept même de religion.

Raison catholique et judaïsme

Troisièmement, il est rationnel que le catholicisme s'anticipe dans le judaïsme qu'il *achève*, aux deux sens du terme. La religion de l'amour, adéquatement comprise, serait peut-être, à la rigueur, susceptible d'être agréée par le néo-païen, mais ce qui compromet cette acceptation de manière passionnelle et difficilement déracinable, c'est son aversion au fond bien compréhensible pour l'esprit du judaïsme dont il croit le christianisme solidaire parce que ce dernier revendique de s'en faire procéder. Il est vrai que maints représentants affichés du catholicisme tressent à ce sujet des verges pour se faire fouetter, parce que, de la notion d'achèvement, ils ne retiennent que celle d'accomplissement en excluant celle de suppression ; ou plutôt, commettant sous ce rapport — mais pour en tirer des conséquences opposées — la même erreur que les néo-païens, ils ne veulent pas comprendre qu'il n'est pas d'accomplissement qui ne soit, corrélativement, suppression. C'est en tant que le catholicisme achève le judaïsme qu'il est son ennemi le plus radical.

Il conviendrait, comme préalable à la considération sereine du rapport entre judaïsme et christianisme, de se demander en quoi le judaïsme peut légitimement paraître haïssable. Il ne suffit pas à l'Européen de déclarer qu'il s'agit là d'une vision du monde extérieure à celle de ses ancêtres et de sa communauté biologique et historique, car alors autant vaudrait tenir pour recevables les aversions d'un Nègre pour les valeurs gréco-latines sous le prétexte qu'elles sont incompatibles avec les pratiques anthropophages de ses ancêtres : on a vu les tares de la mentalité relativiste. Ce qui est universel n'appartient à personne et constitue le bien commun de l'humanité entière, ayant vocation à être reçu par tous les peuples et approprié au génie propre de chacun, et il se trouve que ce qui forme l'héritage propre des Indo-européens, c'est précisément leur sens de l'universel ; ce en quoi ils sont au service de l'humanité, et voués à la dominer pour lui rendre service.

Le judaïsme, objet d'aversion universelle

Le judaïsme ne saurait être objet d'opprobre chez les païens du fait de son affirmation du Dieu transcendant, puisque c'était déjà la conclusion de la pensée grecque parvenue à l'acmé de son génie métaphysique (avec Aristote en particulier).

En vérité, si le judaïsme est l'objet d'une aversion universelle (comme l'a au reste reconnu Bernard Lazare), c'est à cause de sa prétention à s'introniser peuple élu destiné à dominer temporellement le monde en réduisant tous les peuples à ses esclaves, de par la supposée volonté de son Dieu ; la chose est déjà irrecevable en elle-même, mais elle devient franchement intolérable quand une telle prétention n'est même pas fondée sur le fait d'une excellence naturelle supérieure ; le « peuple » juif ne jouit d'aucun talent créateur, n'a jamais fait depuis deux mille ans qu'emprunter aux peuples féconds des découvertes qu'il s'est ensuite attribuées, afin de se persuader lui-même du bien-fondé de sa supposée « élection », qui est en vérité caduque. Cette prétention des faibles à dominer le monde ne peut s'exercer que moyennant les méthodes des faibles : d'une part se faire plaindre pour poignarder aussitôt qu'ils ont baissé leur garde ceux auxquels on est parvenu à inspirer pitié et mauvaise conscience ; d'autre part inciter les forts à renoncer à leur force en les faisant s'affaiblir eux-mêmes par le moyen de la diffusion des vices qui précipitent leur décadence ; c'est sous ce rapport qu'un Otto Weininger se plaisait, de manière suggestive, à discerner dans la psychè du Juif tous les attributs de la femme devenue femelle : mensonge, perversité, séduction, malhonnêteté, vénalité, ruse.

À cet égard, le parallèle si souvent ressassé entre peuple juif et concept de « race des seigneurs » adopté par une frange des nationaux-socialistes se révèle éminemment fallacieux, en ce sens que si certains racistes ont pu céder à de telles pulsions d'autoglorification, c'était au moins parce qu'ils revendiquaient une excellence *naturelle* qu'ils se proposaient de faire constater par le déploiement de leurs talents et de leur force ; ils ne se disaient pas « élus » par Dieu pour revendiquer un droit à dominer, ils constataient (à tort ou à raison) qu'ils étaient les meilleurs et se contentaient d'en inférer qu'ils avaient à se dire tels puisqu'ils l'étaient. Ce qui caractérise le Juif, c'est la prétention à dominer le monde par des forces et vertus naturelles dont il manque, au nom d'une élection surnaturelle qu'en vérité il a trahie. Moralement, la force ne fait pas le droit à dominer, encore faut-il que cette domination produise un bien commun à tous, dominés autant que dominants ; il reste que la force réelle permet de dominer, et qu'elle constitue un titre à y prétendre, en tant que condition nécessaire quoique non suffisante de ce droit. Mais là où la prétention à dominer devient proprement scandaleuse, c'est au moment où elle s'exprime sans même que son auteur sache jouir d'une aptitude à le faire. Et c'est bien pourtant ce qui définit le Juif, paradigme de l'envieux affligé — selon le mot de Max Jacob — de « cette rage de l'orgueil impuissant ».

Pour le catholique le peuple juif est un peuple artificiel fruit de l'art divin, destiné à préfigurer l'Église et à recevoir le Messie. L'avènement du Christ est l'achèvement du judaïsme, selon la théologie traditionnelle de la substitution : le circoncis en esprit et en vérité est le baptisé, telle est l'unique « race élue » de Jésus-Christ ; il sera éternellement vrai que les Juifs ont été le peuple élu, mais ils n'ont pas été élus pour l'éternité ; leur élection est caduque, ils la dénaturent en tentant de la prolonger, ils comprennent le royaume en un sens temporel, leur propos est de s'emparer des richesses de la Terre par tous les moyens. Saint Étienne, l'un des sept diacres formés par les Douze, appartenant au camp des « hellénistes », n'hésitait pas, traitant les membres du Sanhédrin d'incirconcis dans leur cœur et leurs oreilles, à parler d'*idolâtrie* à propos du culte rendu à Dieu dans le Temple de Jérusalem. Pour le catholique, la religion juive, considérée dans son opposition au christianisme, est une religion récente ; elle est née avec la déchirure du Voile du Temple.

Réactions antijuives

Il ne suffit pas d'être « contre les Juifs ». Être contre un groupe d'hommes, et seulement contre eux, c'est leur reconnaître une existence et, du point de vue catholique, c'est déjà trop : les Juifs ne sont plus rien objectivement ; ils n'étaient rien naturellement puisque leur identité était toute surnaturelle ; ils ne sont plus rien surnaturellement puisque l'ordre surnaturel est consommé dans le Christ qui étend par le baptême — que refuse le Juif en tant que Juif — l'élection à tous les hommes. Être unilatéralement contre quelque chose, c'est encore attester sa consistance, c'est lui reconnaître le statut d'ennemi honorable à prendre en compte ; c'est confesser, quoi qu'on en ait, que l'on se définit par rapport à lui, ou que l'on dépend de ce que l'on conteste et dont on doit malgré soi garantir la valeur pour y puiser la sienne. On ne saurait, en contexte païen, ignorer le judaïsme dont le souci de transcendance négatrice de toutes les grandeurs mondaines, tout comme sa prétention à se vouloir peuple élu et peuple royal d'un royaume temporel étendu au monde entier, font de lui le négateur actif de tout ce qu'il y a d'ordre naturel dans le paganisme. Mais alors comment s'opposer au judaïsme, non seulement par la force mais encore par la raison, en se dispensant de l'honorer en lui reconnaissant le statut d'opposant ? Il n'est d'autre manière de le dissoudre sans reste que de le réduire à un moment nécessaire, mais subordonné en tant que moment, de genèse de ce qui s'y substitue ; et tel est précisément le christianisme. Les Juifs ne s'y trompent pas. Ce n'est pas le paganisme qu'ils abhorrent, c'est le christianisme, et même le christianisme considéré en son intégrité, à savoir le catholicisme.

Chrysalide et papillon

Le catholicisme est par définition la religion qui se veut universelle — la religion qui est supposée convenir à tous, et qui se trouve particulièrement appropriée, à ce titre, aux peuples ayant naturellement le sens de l'universel, c'est-à-dire les Occidentaux. Pourquoi alors fallait-il que l'Europe se mît à l'écoute de l'Orient, s'ouvrît à un message né dans la communauté juive ? N'est-ce pas là trahir son identité, se faire contaminer par un type de pensée qui contredit le génie de l'Occident ? Et il fallait bien pourtant qu'il en fût ainsi, en vertu même des exigences de rationalité de la pensée européenne, c'est-à-dire de la pensée.

La religion qui est vraiment religion, et qui se révèle telle la religion vraie parce qu'elle est vraie religion, c'est la religion qui relie le fini à l'infini, qui déforme l'homme, qui l'infinitise sans détruire sa finitude constitutive. Et, comme révélée, elle est l'initiative du Dieu *qui se fait religion*, relation, qui assume le fini sans cesser d'être infini. Mais une Révélation révèle Dieu tel qu'Il est en Lui-même indépendamment de sa Révélation, autrement une telle révélation n'enseignerait rien sur Dieu, mais seulement sur la manière dont l'homme se le représente, de sorte qu'elle ne révélerait rien de Dieu et ne parlerait au fond que de l'homme, au point qu'elle aurait pour destin de devenir une adoration de l'homme, et c'est bien ce qui se produira chez le Juif, ainsi qu'il le sera rappelé plus bas. Si donc Dieu *se fait* religion — ainsi relation — pour nous parler de Lui, c'est que Dieu *est* de toute éternité relation, ainsi relation de soi-même à soi-même, indépendamment de sa création. Donc l'assomption du fini, indépendamment de la création du monde et d'un esprit fini contingents en tant même que créés, est définitionnelle de Dieu qui, sous ce rapport, est identité concrète de l'infini et du fini, victoire éternelle sur la finitude qu'il assume, réflexion éternelle dans laquelle l'absolu, en tant que système subsistant révélé comme Trinité, se fait poser par ce en quoi il s'aliène, dans un *mouvement intemporel d'anticipation de soi exercé dans soi-même* ; si l'absolu était exclusif du relatif, ils coexisteraient extérieurs l'un à l'autre et par là seraient *relatifs* l'un à l'autre dans une totalité excédant l'absolu, mais par là détruisant son absoluité ; si donc l'absolu est absolu, il n'exclut pas le relatif mais l'assume, se fait éternelle relation de soi à soi indépendamment de tous les mondes possibles ou réels, tel un infini qui, relatif à lui-même par réflexion, se finitise et fait se renier sa finitude dans l'infinité qui se risque en elle.

C'est pourquoi un tel absolu, absolument absolu, assumant toute relativité dans lui-même, peut se payer le luxe de poser du relatif hors de soi *auquel il ne sera pas lui-même relatif*, précisément parce qu'il aura exercé dans lui-même, indépendamment de la position d'un dehors, toute relativité. Et s'il est définitionnel de l'absolu de s'anticiper dans lui-même de toute éternité, alors il est définitionnel de sa Révélation de se présenter sur le mode d'une anticipation de soi-même, et tel est le judaïsme en lequel s'anticipe le christianisme. Mais en retour le résultat final d'une telle anticipation de soi a la forme nécessaire d'une victoire sur ce dont il se fait procéder, par là d'une négation souveraine et sans reste du judaïsme que de ce fait il *achève*. Les Juifs ne sont nullement frères aînés des chrétiens, ce sont les chrétiens qui sont frères aînés des Juifs : ce qui est premier en intention est ultime en exécution. La seule chose qui subsiste du Juif dans le christianisme, c'est-à-dire du Juif qui n'*est* rien, ainsi dont tout l'être est d'être « rien » — il n'est plus en tant qu'élu puisque l'élection est le baptême ; il n'est rien naturellement puisqu'il n'eut jamais qu'une identité surnaturelle —, c'est l'affirmation du néant créateur immanent à la créature.

Nature et surnature

Ce qui est fini, et qui définit la créature, c'est ce qui relève de l'ordre naturel ; et ce qui déforme l'homme relève du surnaturel, ainsi de la nature même de Dieu, par là de la grâce qui — don gratuit — s'ajoute à la nature et l'investit au point d'en être la recréation. La grâce ne détruit pas la nature mais la surélève et la parfait. L'Arabe musulman converti au christianisme ne cesse pas d'être Arabe, avec ses déterminations naturelles propres, son génie et sa vocation politique propres dans le concert des différentes manières d'être humain. Mais le peuple juif ayant vocation à préfigurer le christianisme, ainsi à préfigurer l'Église, devait n'avoir aucune détermination naturelle propre qui, autrement, eût légitimement revendiqué de subsister après sa sublimation chrétienne. La chrysalide païenne subsiste comme chrysalide naturelle — comme nature soignée et restaurée — dans la sublimation surnaturelle d'elle-même — comme nature surélevée — en papillon chrétien ; le Grec ne cesse d'être naturellement grec en devenant surnaturellement chrétien, car les différences ne s'abolissent que sur le plan surnaturel qui les unit en les convertissant à son unité, à la manière dont l'homme et la femme ne cessent d'être tels en se faisant chrétiens ; il n'y a plus ni homme ni femme sur le plan surnaturel par lequel la créature se met à vivre de la vie même de Dieu, les différences s'abolissent dans l'homme déformé et en tant que déformé ; mais cela ne les laisse pas de demeurer homme et femme, et sous ce rapport les différences naturelles ne sont nullement abolies ; elles seraient même plutôt accusées. Mais la chrysalide juive n'avait nullement vocation à subsister comme chrysalide en s'achevant dans sa vérité chrétienne, parce que la judéité est une détermination surnaturelle de part en part : le peuple juif est forgé par l'art divin, peuple artificiel sans vocation — sans finalité, ainsi sans identité — naturelle. Ce qui a pour vocation de préfigurer l'Église, d'essence non politique, dans la forme pourtant politique d'une nation, doit, en atteignant sa fin — à savoir se faire le lieu du Dieu s'incarnant et le matériau humain historiquement premier de l'Église —, se résoudre en elle sans reste, à peine de réduire l'Église, dont il était la préfiguration, à un accident surnaturel de la vie naturelle ou nationale juive, ainsi à peine de compromettre sa vocation universelle et supranationale en tant même qu'ecclésiale.

Le Politique et la réalité ecclésiale

Être déiformé, c'est être incorporé au Christ, au Médiateur qui *est* ce qu'il médiatise, c'est être pour cette raison incorporé à l'Église s'il est vrai que l'Église est le corps mystique du Christ, « Jésus répandu et communiqué » (Bossuet). Et tout homme, en tant qu'il est homme, est appelé à être catholique. S'il est vrai que la fin prochaine du Politique, qui le définit, est la réalisation en acte, autant que faire se peut, de toutes les potentialités de la nature humaine à l'intérieur d'une communauté historique de destin donnée, il est impossible au Politique de satisfaire exhaustivement, dans son élément propre, les exigences de la pulsation qui l'anime ; c'est en effet dans la seule Idée divine de l'homme, inclusive de tous les hommes réels et possibles qui y préexistent tels les effets dans leur cause, que réside, dans la Pensée divine, une telle réalisation actuelle exhaustive des potentialités de la nature humaine. C'est donc dans la sphère religieuse que se consomment ultimement les vœux du

Politique. En retour, si la vérité du Politique est la religion, il est définitionnel de la religion de s'anticiper dans le Politique ; il lui est naturel, en tant que religion naturelle (non fondée sur une révélation, mais induite par la vocation naturelle de la créature à honorer son Créateur), de s'anticiper en lui. Cela dit, quand la religion est révélée, elle répond certes à une convenance à son égard de la religion naturelle, mais elle ne s'enracine pas dans le politique puisque, révélée, elle procède directement de Dieu surgissant dans l'Histoire. Il en résulte ceci : la religion révélée, pour répondre à une convenance (qui n'est pas une exigence) de la religion naturelle à son égard, doit s'anticiper dans une forme politique mais, ne s'anticipant pas en elle naturellement, elle ne s'enracine pas en elle comme en ce dont la fin naturelle n'est pas abolie par la fin surnaturelle ; elle doit ainsi se préfigurer dans une forme politique artificielle, dans un peuple sans consistance naturelle pérenne, dans une communauté vouée à disparaître avec la venue du Médiateur. Et tel est le peuple juif, lequel depuis deux mille ans n'a plus aucune raison d'être en tant que peuple, sinon celle, évoquée par saint Augustin, consistant à faire mémoire, par l'état misérable de ses membres en droit ghettoïsés, de la vérité de la religion catholique. Comme en tous les autres domaines, la conscience catholique est très claire, en tant que rationnelle, à ce sujet : les Juifs en tant que Juifs n'ont aucun droit à exister ; ils se sont insurgés contre leur raison d'être — le Christ qu'ils ont tué — et par là se sont insurgés contre eux-mêmes, et c'est parce qu'ils sont en conflit avec eux-mêmes qu'ils sont en conflit avec le monde entier ; ils sont spirituellement des morts-vivants, ils se comportent donc tels des vampires ; si la chrétienté ne se résout pas à les ghettoïser, ce sont eux qui ghettoïsent la chrétienté et le monde entier ; et c'est bien ce qui se produit aujourd'hui. Aussi est-il irrationnel et impie de nourrir quelque sympathie que ce soit à l'égard de l'entité sioniste qui, revendiquant le statut d'État, entend par le fait même faire accepter par le monde le fait de l'existence des Juifs, laquelle est un scandale pour le chrétien.

Résumons :

Il est définitionnel de la religion de s'anticiper dans le Politique. Il est définitionnel de la religion révélée d'assumer en la transfigurant la religion naturelle. Il est donc définitionnel de la religion révélée de s'anticiper dans le Politique, bien qu'elle répugne à s'en faire provenir puisqu'elle procède directement de Dieu. Donc la religion révélée se fait provenir d'une réalité politique non naturelle par là destinée à passer ; elle ne s'anticipe dans le Politique juif que pour le supprimer en l'accomplissant, ainsi pour le sublimer en Église émancipée de ce dont elle se fait provenir, alors que la christianisation des sociétés naturelles ne les abolit pas mais les parfait.

Paganisme et christianisme

Il résulte, de ce qui précède, que le païen insurgé contre le christianisme est insurgé lui aussi contre la logique de ce qu'il y a de meilleur en lui, ainsi de plus rationnel : la sagesse païenne, œuvre de la raison, culmine dans l'affirmation du Dieu transcendant Premier Moteur, transcendant et séparé quant à son acte d'exister, immanent au monde par sa causalité, ainsi plus immanent à la créature qu'elle ne l'est à elle-même ; mais la religion révélée répond à une convenance de la religion naturelle à son égard puisqu'il est rationnel de croire.

Insurgé contre lui-même, le païen est ainsi enclin de manière invincible à ressembler aux Juifs auxquels il s'oppose et qui lui font contradictoirement refuser le christianisme. Si la différence spécifique de l'âme occidentale est bien l'érection de la raison en valeur naturelle suprême, le païen anti-chrétien est anti-occidental ; il est contre les Juifs, mais tout contre eux, et c'est bien ce que corroborent l'histoire et l'histoire des idées : Nietzsche est judéophile (§ 250 et 251 de *Par-delà le bien et le mal*) ; et Julien l'Apostat, saint martyr du calendrier des néo-païens, tenta de reconstruire le Temple de Jérusalem en 363.

Les mythes qui précèdent le christianisme et qu'il est supposé avoir empruntés au paganisme en les christianisant (dont en particulier maints éléments du culte de Mithra) ne sont que les reliquats d'une révélation primitive qui, communiquée à Adam, était à l'origine pleinement catholique : il s'agit non d'un rapt mais d'une réappropriation. Celui qui refuse le christianisme au nom du paganisme se refuse au sens qui se cherchait dans le paganisme, par là refuse le paganisme lui-même sous couvert de le louer. Le païen qui est véritablement païen, à toute distance du néo-paganisme qui n'est qu'un surgeon du subjectivisme issu de la laïcisation du christianisme, est un chrétien, et c'est pourquoi les derniers soldats à avoir lutté pour la grandeur de Rome peu avant l'épuisement de l'empire étaient des chrétiens. C'est la sibylle érythréenne (Ionie) évoquée par saint Augustin dans *La Cité de Dieu* (XVIII 23), c'est la sibylle de Cumes chantée par Virgile dans ses *Bucoliques* (églogue IV) qui annoncent du sein même du paganisme la venue d'un Sauveur divin issu d'une Vierge.

Judaïsme et subjectivisme

Le Juif, tel un mutant, n'est plus païen et n'est pas encore chrétien. Sa vocation réelle est de se faire l'instrument de l'avènement du Médiateur. S'il refuse le Médiateur sans renoncer à sa prétention à être l'élu, il ne peut pas tôt ou tard ne pas en venir à se prendre lui-même pour le Médiateur, tel un Christ collectif se voulant l'immanence du divin dans l'histoire. Telle était la position d'un Moses Hess, inspirateur de Marx, génératrice de la religion de la Shoah : le peuple juif meurt au Golgotha d'Auschwitz et ressuscite en Israël. Mais parce que le Verbe incarné est consubstantiel au Père, le peuple juif antichrétien, postérieur à la déchirure du Voile du Temple, se voudra aussi consubstantiel à Dieu, ainsi tel que Dieu n'est pas sans le Juif qui restaure les bévues du Père accédant à la plénitude et à la conscience de soi dans le Juif, selon une perspective gnostique (en particulier marcionite et carpocratique) empruntée à la pensée indo-iranienne puis adaptée aux délires judaïques. Et sous ce rapport le judaïsme moderne et le néo-paganisme communient encore dans les mêmes aspirations, n'étant en conflit que sous le rapport de l'identité des Initiés ou des Élus ; pour les uns, c'est le Juif ; pour les autres c'est l'Initié aux théosophies de Thulé, ou le peuple hyperboréen. Leur vision du monde est au fond la même.

Quelqu'un a dit que lorsque l'homme ne croit plus à la Trinité, il croit aux tables tournantes, et cela est tristement vrai. Mais ce qui est encore plus terriblement vrai, c'est que lorsque l'homme se met à refuser d'adorer Dieu — et c'est bien décider de refuser d'adorer Dieu que de refuser de L'adorer selon la manière dont Il a, dans sa Révélation, prescrit à l'homme de le faire — il en vient à adorer le genre humain, ainsi à se prendre pour Dieu, c'est-à-dire pour la conscience de soi en devenir d'un Dieu qui se fait en l'homme. Tel est en son fond le message de l'idéologie maçonnique, en laquelle communient objectivement les néo-païens et les Juifs, rivaux dans la poursuite d'une même fin, et c'est pourquoi ils caricaturent le catholicisme, avec parfois la complicité involontaire de ce dernier, comme on le verra dans la deuxième partie.

Nature et surnature

Chesterton a fait observer avec beaucoup de clairvoyance que toutes les idées modernes, corruptrices, sont des idées chrétiennes devenues folles : « *corruptio optimi pessima* ». Ainsi en est-il par exemple de l'idée d'égalité. L'amour de bienveillance (aimer l'autre en tant qu'on lui veut du bien, l'aimer tel un autre soi-même) suppose égalité entre aimant et aimé ; quand il s'agit d'aimer Dieu d'un amour de bienveillance, on parle de charité ; or il y a distance infinie entre Dieu et l'homme, de sorte que l'homme doit, par la grâce opérant en insufflant une vertu théologale, être surnaturellement élevé au niveau de Dieu même. Et si tous les hommes sont unis par la charité, ils sont d'une certaine façon égaux entre eux, étant égalisés par le haut du fait d'être déiformés. Mais cela vaut pour l'ordre surnaturel, lequel n'est nullement ablatif de l'ordre naturel. Tout ce qui scandalise à bon droit le païen dans un certain christianisme oublieux de la différence réelle entre nature et surnature procède d'une confusion entre les deux ordres.

Le chrétien bien compris est le païen qui a osé aller jusqu'au bout de la dynamique de son paganisme : la surnature surélève la nature en la soignant, ainsi la confirme en l'excédant, elle radicalise ainsi l'excellence inégalitaire de l'ordre païen tout en le libérant de ce qu'il y avait de dévié ou de maladif en lui.

La surnature est la nature même de Dieu ; que la nature divine puisse se communiquer sans se perdre à des créatures finies sans abolir leur finitude et les résorber en Dieu est un problème métaphysique qui ne sera pas abordé ici ; on remarquera — ce qui pourra suffire pour le propos ici développé — que si l'absolu, comme identité concrète du fini et de l'infini, est ce qui sait être identique à soi dans sa différence, il est à ce titre même immanent à sa différence d'avec soi, laquelle, comme différence d'avec l'absolu, peut s'approprier au fini sans le défaire ; de même, ce qui est identique à soi dans sa différence est ce qui a ce qu'il est, de sorte qu'il peut disposer de soi, l'ayant, sans cesser d'être lui-même, ainsi peut-il se donner sans se perdre. Quoi qu'il en soit, tout ce qui procède de l'absolu conserve en lui le vestige ou l'image de son auteur, et contracte de ce fait, de manière inchoative, selon tous les degrés de limitation possibles, cette aptitude à se rendre identique à soi dans sa différence, laquelle devient pleinement manifeste — sans pour autant être absolue — dans tout acte d'intellection : savoir est savoir qu'on sait, savoir qu'on sait est *se* savoir sachant, se savoir est s'objectiver, s'objectiver est se différencier de soi — être pour soi-même un autre — et ne coïncider avec soi-même — être quelqu'un et non quelque chose, être un moi — qu'à raison de cette différence même. S'il existe une coextensivité dialectique — comme il vient de l'être esquissé — entre degré d'identité à soi et degré de différence d'avec soi, alors, par la grâce, il n'est pas contradictoire que l'on soit restitué à soi-même, tendant à l'identité absolue avec soi, à raison du fait même d'être différencié de soi de manière maximale, laquelle s'obtient quand on se met à vivre de la vie de Dieu.

De plus, l'identité à soi va de pair, sous un certain rapport, avec l'immanence. Le désir humain, doté de réflexivité, est infini, il est aspiration à l'absolu. Or l'univers païen est un, il est la manifestation d'un absolu qui lui est immanent, et son unité avec lui-même se réfracte dans la conscience humaine intérieure à l'univers ; le vœu du désir humain — communier avec l'absolu — est immédiatement satisfait, le monde est enchanté, déjà divin, l'homme y est chez lui. En retour la différence d'avec soi connote nécessairement la transcendance : l'absolu est séparé du monde, et la conscience humaine, conscience du monde au double génitif, se sait tendue vers un absolu qui la fait se différencier d'elle-même et du monde, qui arrache l'homme à sa finitude pourtant constitutive afin de le faire tendre vers l'Infini actuel. Mais s'il y a solidarité entre identité à soi et différence d'avec soi, alors, nécessairement, la maximisation de l'immanence est le plébiscite de la transcendance, et le christianisme est la consommation des vœux du paganisme. La radicalisation de la forme même de la vie dangereuse et dramatique, voire tragique, le plébiscite d'un ordre cruel tissé de contingence brutale, c'est l'expérience de l'identité dans la différence, de la scission intestine à l'identité. Or cette forme est absolument réalisée dans la structure ontologique de la vie conscientielle. Mais la conscience, qui n'est telle que comme conscience de quelque chose, ne découvre son objet adéquat, c'est-à-dire cet objet *en lequel elle aspire à se reconnaître et au contact duquel elle s'alimente*, que dans l'affirmation de la scission absolue entre l'absolu et le relatif, Dieu et le monde. Donc le fait même de la vie consciente, comme subjectivation de son objet, est l'intériorisation de cette scission, et l'affirmation du Dieu séparé n'est pas moins que l'objectivation développée de cette vie intérieure. Cela dit, rien n'est plus immanent que l'acte vital de la vie conscientielle ; c'est donc dans l'affirmation du Dieu transcendant que culmine paradoxalement l'immanence de Dieu au monde, qui révèle Dieu « *interior intimo meo* ». Aussi longtemps qu'elle est impuissante à se reconnaître dans la scission ontologique de Dieu et du monde, la conscience, qui se rêve auprès de soi et chez elle dans un monde déifié, est extérieure à elle-même, conscience malheureuse en état de conflit à l'égard d'elle-même, quelque assurée qu'elle croie être de reposer en elle-même ; ce n'est pas dans son immanence qu'elle repose, c'est dans le rêve en lequel elle se fuit et s'oublie :

Le panthéisme, philosophie du paganisme, est l'idée selon laquelle l'absolu ou l'Un est immanent à sa manifestation indéfiniment diverse, s'exprime en elle et se fait subsister en la posant, est intrinsèquement dépendant d'elle qui lui est suspendue et qui ne l'exprime jamais que de manière latérale — la philosophie de Heidegger, sous ce rapport, en est une réminiscence lointaine : l'Être est inobjectivable et n'apparaît que dans son Retrait, ne se dévoile qu'en se voilant —, momentanée, de sorte qu'il est toujours en retrait par rapport à sa manifestation, non tel un dieu caché qui se jouerait de la convoitise des hommes, mais telle une puissance indifférenciée se différenciant en se phénoménalisant dans une diversité en devenir et conflictuelle, par là processuelle et toujours inachevée, ainsi à jamais imparfaite, telle une tendance à être qui n'est jamais absolument : ce qui est conflictuel est contradictoire, ce qui est contradictoire est impossible, ce qui est impossible n'est pas, et la manière d'être du contradictoire est ce non-être relatif qu'est le devenir, puissance inchoativement actualisée. Ce qui est en puissance est identité des contradictoires, et c'est pourquoi l'être en puissance est un mode du n'être pas, qui n'a d'être que par l'acte imparfait auquel il est suspendu et qu'il conteste. Le panthéisme est ainsi l'idée d'un absolu dont l'hiatus entre lui et sa manifestation est indépassable. Pourtant, l'intérieur qui ne parvient pas à s'extérioriser n'est pas véritablement intérieur car, exclusif de l'extérieur, il est *extérieur* à l'extérieur, il entretient à l'égard de son autre une relation qui contredit son essence. Dès lors qu'il est incapable de s'extérioriser, quand son extériorisation est définitionnelle de lui-même, il faut reconnaître qu'un tel absolu n'est pas absolument absolu, et qu'il est en conflit avec lui-même. Mais alors, ce en quoi il s'exprime l'est aussi, non seulement en lui-même mais par rapport à l'absolu dont il est à la fois une partie et un moment. Et il en résulte que l'homme est en conflit avec lui-même et qu'il n'est pas — lui qui prétendait répudier les arrière-mondes supposés l'écarteler —

vraiment chez lui dans un tel monde. L'homme n'est véritablement « chez lui » dans ce monde dont il sait peser la consistance que s'il sait proclamer l'existence du Dieu transcendant.

Le christianisme proclame que l'absolu *est* sa manifestation, en laquelle il s'exprime sans reste comme dans son Verbe à lui parfaitement immanent parce que consubstantiel, et qu'il est, comme Esprit, victoire éternelle sur sa scission intestine qu'il confirme. Il en résulte que la scission du monde et de Dieu, définitionnelle du monothéisme, est un reflet contingent mais fidèle de la déhiscence intestine éternellement assumée et surmontée par Dieu, et que cette scission de l'homme et de Dieu exprime adéquatement le moment négatif de la vie intime de l'absolu : l'éloignement de la créature par rapport à son Dieu lui révèle encore quelque chose de la nature de son Dieu ; et c'est dans la vie de l'Église, corps mystique du Verbe incarné, en tant qu'habitée par l'Esprit, que s'opère, comme militante puis comme souffrante et triomphante, le processus de déformation de l'homme. C'est donc dans le monothéisme *catholique* que se consomme le vœu, panthéiste, d'immanence de l'absolu à sa manifestation.

Identité catholique et diversité culturelle

Il existe, de fait, de nombreuses religions dans le monde. Et chaque religion est inextricablement mêlée à une certaine culture, une certaine mentalité, à des mœurs déterminées. On a du mal à se

LE CONFLIT NON SURMONTÉ DU NATIONALISME

représenter un monde qui serait habité par une seule religion ; on ne peut s'empêcher d'y voir une perte culturelle énorme, un déficit de diversité, de conflits, d'émulation, de complémentarité et, pour tout dire, de différence de potentiel et de vie. Si le Politique n'est pas sans la nation, manière paradigmatique d'être homme, la nation n'est pas sans la culture et la mentalité particulières dont elle est comme l'unité historique et politique. De sorte que, pour préserver la diversité des peuples qui fait la richesse du monde, on est tenté presque invinciblement de considérer que chaque religion ne vaut que pour le peuple qui l'adopte, qu'aucune religion ne saurait se prévaloir d'être *la* religion, la religion universelle ; mais c'est là condamner dans son principe le catholicisme, et en venir à adopter le modernisme selon lequel l'Esprit-Saint soufflerait dans toutes les religions, lequel n'est pas catholique. Comment donc un catholique résistant au modernisme aura-t-il tendance à réagir, si son catholicisme n'étouffe pas en lui son attachement à la diversité du monde ?

La première solution consisterait à se débarrasser purement et simplement de la religion catholique elle-même, en faisant jouer ce que l'on croit savoir de l'ordre naturel contre l'ordre surnaturel décidément envahissant et corrupteur, ainsi à abandonner le christianisme pour se faire néo-païen. Mais, comme on l'a vu, c'est là rendre possible un subjectivisme radical dans lequel l'homme sera un dieu pour l'homme : si l'absolu est cette puissance impersonnelle se manifestant dans le monde en la partie humaine duquel il prend conscience de soi, c'est que l'homme, comme conscience de soi du divin, est lui-même divin, devient pour lui-même sa propre norme, et c'en est fini de ce souci de dépassement de soi qui définit l'homme fort du paganisme, l'homme héroïque insurgé contre le « Dernier homme », rejeton supposé du judaïsme et du christianisme en lequel le néo-païen discerne un rejeton du premier. Et c'est un fait que l'héroïsme des néo-païens est tout en attitudes, en paroles, en slogans, en exercices de style littéraires et vestimentaires et en poses sociales ; ils s'accommodent dans les faits bien volontiers de la décadence ambiante, des mœurs états-uniennes, de la licence consumériste, des paradis artificiels et du culte des gadgets. Leur vision du monde se limite au mieux à une espèce d'Idée régulatrice de la raison pure au reste révocable « *ad nutum* », destinée à élever l'âme soucieuse de ne pas sombrer dans l'inconscience charnelle en cédant à tous les divertissements qui la sollicitent ; une telle vision du monde ne prétend pas du tout exprimer un savoir expressif de l'ordre objectif des choses. Il s'agit donc d'ennoblir l'âme en tant qu'elle se veut le miroir narcissique d'elle-même, et non du tout de l'élever à la participation de biens valant pour eux-mêmes ; il s'agit d'une aspiration à la sainteté laïque sans Dieu, qui se résout en attitudes et en grimaces.

Il va de soi que, pour qui sait distinguer entre nature et surnature et penser adéquatement leur articulation, l'unité religieuse du genre humain dans le catholicisme n'est nullement ablative de la diversité naturelle des peuples : ce qui soigne la nature en la surélevant la confirme dans son ordre et l'autonomise dans la proportion où elle finalise cette nature restaurée par la vie surnaturelle. Les génies du monde gréco-latin, de la Négritude ou de l'Arabéité sont d'autant plus exaltés dans leurs ordres respectifs que plus adéquatement christianisés. La communication de l'universel au particulier n'abolit pas le particulier mais le confirme et le parfait, parce que le particulier est, en soi, une particularisation de l'universel dont la communication au particulier, de ce fait, le revitalise au lieu de s'y substituer.

La perplexité des catholiques réactionnaires, nommés « intégristes », ignorants des difficultés relatives aux conditions d'harmonie entre nature et surnature, les disposera, en revanche, à embrasser le surnaturalisme. La nature humaine appelle la diversité de ses manifestations ethniques, culturelles, religieuses, mais la vraie religion est une et exige l'unité ; donc il faut, penseront-ils, crucifier les appels de la nature, renoncer à la diversité, transformer les Orientaux et les Nègres en Occidentaux, les Germains et les Celtes en Latins en même temps qu'on les baptise. Et les petits esprits solennellement caporalistes et objectivement judéomorphes chimériquement attachés à l'idée de « France peuple élu » considéreront qu'il faut être français pour être catholique, de sorte que, si le monde doit devenir catholique, c'est le monde qui doit devenir français, et c'est bien ce qu'ils pensent de manière inavouée, si tant est qu'il s'agisse là d'une « pensée » ; cela explique les affinités incongrues entre catholiques traditionalistes français et républicains universalistes faisant marcher ensemble la France de saint Louis et la France de Victor Hugo, la France de Maurras et la France de De Gaulle, la France lefebvriste de Claire Ferchaud et la France maçonnique de Clemenceau. Le néo-paganisme est peut-être la manière astucieuse dont les âmes faibles qui se veulent fortes contournent les exigences morales — enseignées par le christianisme — leur barrant l'accès aux délices de la décadence, en se donnant la bonne conscience de contempteurs hautains de la décadence ; sous couvert de se référer à des valeurs plus hautes et plus exigeantes que les valeurs chrétiennes, ils se vautrent complaisamment dans toutes les bassesses de la modernité antichrétienne, confondant l'orgueil et la fierté, la cruauté et le courage, la violence et la force, l'emphase et la magnanimité, la lâcheté et l'humilité, l'amour-propre et l'honneur, le cynisme et le réalisme, la brutalité et la fermeté, l'asservissement aux passions charnelles et la vitalité. On peut parallèlement se demander si le catholicisme surnaturaliste n'est pas la manière honteuse dont les Tartufes chauvins — au reste fort attachés à ce qui leur reste des privilèges d'un Ancien Régime décadent et d'une prospérité bourgeoise républicaine et colonialiste — se laissent aller aux délectations empoisonnées du ressentiment judaïque tout en se donnant la bonne conscience de dénoncer l'entreprise juive de la subversion universelle.

Lettre aux catholiques

Vertu et morbidesse

Si le christianisme considéré dans sa vérité doit être reconnu telle la sublimation du paganisme, on peut se demander ce qu'il reste de cette énergie païenne dans la vie du chrétien moderne.

« On ne peut que penser à un célèbre passage de la chantefable *Aucassin et Nicolette*, composée pendant le règne de saint Louis : le héros, sous le coup d'une grande colère et d'une grande déconvenue, déclare qu'il préfère aller en enfer plutôt qu'en paradis. Car, dit-il, en paradis, on ne trouve que des contrefaits, des bossus, des gens tristes et laids, tandis qu'en enfer on rencontre les beaux seigneurs, les dames élégantes et aussi les nobles prélats de la sainte Église... » (Jean Markale, *Le Chêne de la Sagesse. Un roi nommé saint Louis*, Hermé, 1985, p. 176).

C'est un fait que, depuis le XIXe siècle au moins, les catholiques, sur la défensive, ne transpirent plus la grande santé des conquérants. Ils ne rayonnent pas non plus par une générosité ou une surabondance vitale excessives ; ils préfèrent haïr leurs ennemis plutôt que d'aimer leurs amis et, se sachant moralement en demeure d'aimer quand même leurs ennemis, ils s'efforcent à les aimer de loin tout en reportant leur haine — qu'ils baptiseront indignation vertueuse et correction fraternelle — sur ceux de leur camp qu'un iota idéologique sépare d'eux. L'aigreur leur tient souvent lieu de pugnacité. Ils ont étendu aux domaines profanes le dogmatisme légitime propre au credo révélé, et cela produit, en éclipsant toute curiosité, des esprits psittacistes, petits, étroits et durs, revanchards, amers, prompts à condamner et sectaires. Cette tendance à opposer nature et surnature n'est pas nouvelle, comme l'atteste le contenu de la chantefable, mais elle ne s'est mise à devenir générale que depuis l'avènement d'un jansénisme qui ne fut jamais complètement extirpé de l'âme catholique, en se doublant — par le lancement de l'esprit chrétien-démocrate lié au Ralliement — de cet esprit clérical tendant à faire du prêtre le modèle de la vie des laïques, comme si leurs vocations et devoirs d'état respectifs étaient identiques. Si saint François de Sales enseignait, de manière roborative, qu'un saint triste est un triste saint, c'est dans les formes compassées et morbides d'un moralisme castrateur que prend depuis longtemps, chez certains chrétiens qui ont fini par imposer leur style à toute la communauté, le souci de sainteté. Il s'agit plus pour eux de résister aux attraits du mal que d'apprendre à aimer les biens élevés ; quand un tel comportement propice à la fascination du mal ne se solde pas par un échec et une victoire de la tentation, il se résout en prostration épuisante. On en vient à faire de la lutte contre le mal désirable l'unique manière de se rapprocher d'un bien qu'on renonce à convoiter en dépit du fait qu'on se sait être en demeure de l'aimer. Il est bon, de ce point de vue, que le « bon chrétien » ait une vie terrestre effacée et morose, une vie simple aux travaux ennuyeux et pénibles, qu'il se tienne à distance des soleils de la gloire, qu'il ne s'attache pas trop au monde, qu'il ne soit point trop savant pour éviter les écueils de la « *libido sciendi* », qu'il soit bien soumis en toute chose à ses prêtres qui prennent bien soin de son âme et de ses économies. Une jeune fille pieuse ne devrait pas se laver trop souvent, car cela donne de « mauvaises pensées » ; ainsi son aigre relent, sa mauvaise haleine, ses humeurs hystériques sont-ils tenus tant pour la condition que pour la manifestation de sa pureté ; on peut en dire autant de ces jeunes gens aux épaules étroites, portant une masse de pellicules sur un cheveu gras, arborant boutons d'acné, face hâve d'onanistes obséquieux, dissimulateurs, médisants, mouchards et lâches. Il faudrait être sale et maladif pour être vertueux, la force rendrait méchant, la beauté vaniteux, l'intelligence orgueilleux, la santé libidineux et téméraire ; le désir de la raison, la convoitise intellectuelle, devrait être tenu en laisse, car tout l'office de la raison chrétienne serait seulement de nous faire prendre conscience de notre misère et de notre finitude ; les talents seraient autant de calamités qui font rater le désir d'aller au Ciel, de quitter cette vie au plus vite puisque réduite à une vallée de larmes ; l'office de la vie terrestre serait exclusivement de souffrir pour gagner son Ciel ; mais la souffrance s'oppose aux appétits naturels ; il faudrait donc crucifier la nature pour faire son salut. Aussi le Ciel, dans cette perspective dont il faut bien avouer qu'elle ne donne guère envie d'y aller, est-il peuplé de tous les éclopés devenus glorieux à raison de leurs tares, des ratés victorieux à raison de leur médiocrité, de tous les abandonnés de la nature comblés par la grâce à raison même de l'indigence de leurs dons naturels. Et tous ceux que leurs vertus naturelles destinaient à incarner autant de similitudes participantes — ainsi analogiques — de l'Auteur de la nature sont rejetés chez les réprouvés. Faut-il détester l'œuvre de Dieu pour aimer Dieu, ou bien détester l'Auteur de la nature pour s'approprier aux dons surnaturels qu'Il dispense ?

Force naturelle et vertus évangéliques

Joinville rapporte que selon saint Louis, quand un laïc chrétien entend un Juif médire de la foi catholique, il ne doit pas prétendre, contre l'Infidèle ou l'hérétique, se substituer au théologien en se risquant dans une joute orale pour laquelle il ne serait pas convenablement armé ; il doit cependant défendre la foi catholique par l'épée qu'il est ainsi sommé d'enfoncer dans le ventre de son adversaire aussi loin qu'elle peut pénétrer. Telle était cette conception — pleinement catholique — de la dignité de la personne humaine, de la charité et de la paix. On est loin du pacifisme et du rêve de paix universelle, de la suspicion entretenue à l'égard de la force et de la dilection pour les vaincus de la vie temporelle ; on est loin du catholicisme bourgeois et des « petites fleurs bleues de la piété », de cette conception quiétiste et défaitiste de l'esprit de résignation. Mgr Ducaud-Bourget enseignait naguère qu'aimer quelqu'un consiste à vouloir le meilleur pour lui ;

que le meilleur à souhaiter pour un homme est que Dieu l'investisse ; qu'il advient parfois — peut-être même souvent — qu'un homme ne s'ouvre à Dieu qu'en étant brûlé vif ; que donc aimer quelqu'un en esprit et en vérité peut consister à le mener au supplice. Mais cette virilité dans le châtiment s'accompagnait d'un réalisme très incarné, d'une générosité dans le don de soi qui faisait les héros spirituels auxquels on avait envie de ressembler parce qu'ils étaient exemplaires dans l'illustration de cet équilibre aujourd'hui compromis entre nature et grâce ; on appelait un chat un chat, et l'on aimait la vie — le vin, le rire, la santé, les jolies femmes, les spéculations audacieuses, les combats furieux et les victoires éclatantes — à proportion des macérations héroïques que l'on était capable de s'imposer : il y a des choses aimables que l'on est invité à reconnaître comme telles, bien qu'elles n'aient pas toutes vocation à être consommées, et qui ont dans tous les cas vocation à être désirées pour être dépassées. Le mari fidèle n'est pas celui en lequel la puissance de désirer les autres femmes est exténuée, il est celui qui fait de son désir potentiel pour toutes les autres la matière sacrificielle de son amour pour une seule, dans une unité qui exprime analogiquement l'union du Christ et de Son Église. L'homme chaste n'est pas un impuissant ou un inverti refoulé, il est un prédateur charnel domestiquant la bête pour la convertir à la vocation d'une fécondité spirituelle. Et l'homme doux et humble de cœur n'est pas celui qui bannit la colère, il est celui qui la maîtrise — la perfectionnant par là dans son ordre propre — et la fait servir aux fins que lui prescrit la volonté droite.

Surnaturalisme et néo-paganisme

Le catholique bien-pensant, qui caricature sa morale pour l'approprier à sa vitalité anémiée au point d'ériger cette dernière en vertu, procède à une opposition unilatérale entre affirmation de soi et abnégation. Ce faisant, il adopte exactement — mais pour en tirer des conséquences contraires — le même principe que celui au nom duquel le néo-païen condamne le christianisme.

Pour le néo-païen, le christianisme est la morale promue par les faibles, par ceux qui n'osent pas éprouver les fortes passions dangereuses qui désaxent, qui arrachent la vie quiète à la moiteur de son intériorité, qui font affronter le monde et autrui, qui font risquer la mort et l'échec, la souffrance et la défaite, et l'ivresse de la victoire. Nonobstant ce collapsus entretenu, le faible entend bien dominer quand même, et c'est là ce que lui susurre ce qui lui reste de vitalité. Il adoptera alors la stratégie du refoulement des appétits, de la négation des instincts, de la culpabilisation des énergies vitales agressives ; il exercera contre elle-même cette force vitale, dans le culte ostensible d'un idéal ascétique. C'est que, dans sa haine de la vie en tant qu'elle est porteuse de souffrance et de risque, d'inquiétude et d'angoisse, d'inconfort proportionné aux grandes jouissances, le faible ou l'esclave aspire secrètement au néant, au sommeil éternel qui engloutit toute souffrance avec toute jouissance. Cependant, ce désir de ne pas être et de ne pas vivre est encore induit par l'acte d'être et de vivre qu'il exerce, de sorte que son refus de la vie est encore une manifestation vitale qui, à ce titre, aspire sans se l'avouer à la victoire, puisque la vie est en soi combat. Il en résulte qu'il entend donner sens et légitimation à la souffrance liée au refoulement des passions en s'inventant un arrière-monde rempli de toutes ses frustrations, mais sublimé en représentation de béatitude spirituelle innocente de tout contact avec la chair. Et au nom de cet idéal sur lequel il s'appuie, il va tendre à dénigrer le monde réel en exaltant, contre la dure et magnifique loi du monde, la valeur de la pitié, de la charité, de l'amour du prochain. Le loup devra, sermonné par le faible, avoir honte d'être loup, sera sommé de retenir sa force lui aussi, de l'intérioriser, de s'affaiblir, ce qui permettra en dernier ressort à l'esclave de dominer le maître qu'il convaincra du fait que si lui, agneau et victime, se retient de dévorer le loup, c'est parce qu'il y renonce héroïquement dans une manifestation suprême de force maîtrisée, comme si la force pouvait se substantifier en se déconnectant de l'exercice de la force : le langage — enseigne Nietzsche — connote cette illusion, qui hypostasie des abstractions ; « l'éclair luit », dit-on, comme si le luire n'était pas l'essence de l'éclair, comme s'il pouvait être éclair sans luire ; la philosophie platonicienne, dont le christianisme est la transcription vulgaire destinée aux masses, est la théorisation de la morale des esclaves, d'où le culte oriental, contaminant l'Occident par le christianisme — transposition du judaïsme dans les catégories universalisantes de l'Europe —, de l'intériorité soustraite à son extériorisation : il n'y a pas d'intérieur, il n'y a pas de substance, il n'y a pas d'être immobile, il n'y a que de l'action, du passage de l'intérieur en extérieur qui ne sont que par ce passage même ; il n'y a pas de puissance sans son acte, les Mégariques ont raison contre Aristote, il n'y a pas d'essence sous l'existence, les existentialistes ont raison contre l'essentialisme des métaphysiciens.

On notera que cette espèce de ruse du faible dénoncée par le néo-païen, ci-dessus décrite dans la perspective du néo-païen, n'est nullement le franc renoncement de la force à elle-même dans la position d'une faiblesse qu'elle maîtrise et fait, par négation de négation, se retourner contre elle-même afin de s'affirmer réflexivement comme force : une telle force est tellement forte qu'elle jubile à faire l'expérience de se conserver en s'abandonnant ; au contraire, la force du faible est le fait d'une force déjà faible ou anémiée qui, à ce titre même, répugne à assumer la faiblesse, se convertit malgré elle en faiblesse plus tard revendiquée comme telle, ainsi ruse avec elle-même et, dans un acte de parfaite mauvaise foi, ne fait de la faiblesse une force que parce qu'elle était incapable de s'exercer comme force ; l'ascétisme du faible, son plébiscite de la faiblesse, c'est la volonté de puissance qui se ment pour supporter son déficit de force et se persuader qu'elle est forte, en escomptant de cette autopersuasion une acquisition de force. Pour le néo-païen, l'amour du prochain, en particulier cette invitation au pardon des offenses, est faiblesse ; le chrétien transpire le ressentiment, sa miséricorde est l'attitude du couard qui n'ose pas se venger des offenses et des agressions, qui tend une joue après avoir été souffleté sur l'autre parce qu'il n'ose rendre la gifle. C'est pourquoi le salut de la vie passe par la répudiation du pardon, de l'amour, de la charité, de l'ascèse et des délices poisseuses et empoisonnées de la vie intérieure ; il est corrélativement négation libératrice de tous les arrière-mondes : vie surnaturelle, Dieu, paradis, vérité objective, etc.

Pour le surnaturaliste, la vie surnaturelle exclut la vie naturelle qui en effet est agression, force, extériorisation, appétit de victoire, plébiscite de la jouissance, lesquels doivent être abandonnés ; le surnaturaliste veut la surnature sans la nature, il s'agit de vider la nature pour que la surnature l'emplisse, et le péché originel aurait pour effet principal de rendre la nature hostile à sa propre liquidation. L'homme du néo-paganisme est cet homme naturel qui veut se faire surhomme (ce qui lui tiendra lieu de surnature) en radicalisant les forces de la nature, ainsi sans la grâce. Le surnaturaliste veut accéder à la surhumanité de la vie surnaturelle par négation radicale des forces naturelles. Dans les deux cas, ces dernières sont réduites à des puissances irrationnelles en seule attente de leur satisfaction immanente. Au fond, la vision du monde du surnaturaliste coïncide avec l'idée que le néo-païen se fait du chrétien, laquelle est pour ce même néo-païen identique à celle du Juif, à ceci près que le chrétien surnaturaliste reporte dans un autre monde ses espoirs de domination vengeresse, au lieu que le Juif entend bien les satisfaire dès ici-bas. C'est pourquoi ce que Nietzsche dénonce dans le Juif est exact, mais non ce qu'il croit dénoncer dans le chrétien, et pour des raisons que le Grand Imprécateur aux narines féminines n'a pas comprises, ou dont à tout le moins il n'a pas fait état : le Juif refuse de s'aliéner dans le chrétien qui l'achève, par là aspire à une béatitude toute terrestre, et c'est là l'envers — le complice — du néo-païen qui refuse de s'achever dans l'affirmation du Dieu transcendant. Le Juif veut être surhomme — « élection » hypsélique — au nom d'une surnature qui ne se révèle pas, qui reste cachée, qui ne se médiatise pas (refus de l'Incarnation), et il prétend y parvenir non par les forces et talents de la nature humaine (dont il sait au fond qu'ils se déploient médiocrement en lui) mais en vertu de cette élection arbitraire d'un Dieu en dernier ressort irrationnel, et c'est parce qu'il le veut tel que le Juif plébiscite l'apophatisme : on ne sait rien de Dieu, sinon ses décrets sans raison ; on ne sait rien de lui parce qu'il est en soi indéterminé, inconnaissable, de sorte qu'il sera loisible au Juif de se penser telle la terminaison de Dieu, telle son incarnation qui le détermine, et tel est au fond le destin de tout apophatisme radicalisé : quand on ne sait rien de Dieu, on ne sait même pas qu'il est, mais il faut qu'il soit pour que l'on revendique les droits qui découlent de ses décrets, donc ce Dieu est en son fond néant,

néant qui est, ainsi pure puissance, et sous ce rapport l'apophatisme qui prétend élever Dieu au-delà des convoitises intellectualistes des humains s'en trouve ravalé au statut de substance spinoziste n'ayant rien en propre qui la distingue de ce qui n'est pas elle, ainsi confondue avec le monde ; par où il appert que l'apophatisme se résout en athéisme, et derechef le Juif et le néo-païen se révèlent frères ennemis. Le Juif est celui qui veut n'être rien de naturel afin de s'identifier à l'acte à raison duquel la nature accuse réception de sa vocation à un au-delà du monde, mais il est aussi celui qui entend réaliser cet au-delà dans le monde, en tant que l'au-delà du monde est encore mondain : le Royaume de Dieu est le royaume des Juifs, et il est l'État mondial de Benamozegh, de Soros et d'Attali.

Nietzsche, Heidegger et les Juifs

Sous ce rapport, on voit mal que l'apophatisme heideggérien, si prisé dans les milieux de droite radicale en peine de reconnaissance et d'honorabilité intellectuelle, puisse servir les intérêts d'une Europe en attente de recouvrer son identité confisquée et dénaturée par le judaïsme :

« Et l'idée fondamentale de ma pensée est précisément que l'Être, ou encore le pouvoir de manifestation de l'Être, *a besoin* de l'Homme, et qu'inversement l'Homme n'est Homme que dans la mesure où il se trouve dans le pouvoir de manifestation de l'Être. (...) On ne peut interroger l'Être sans interroger l'essence de l'Homme » (Heidegger, *Déclaration du 25 septembre 1969*, sur la chaîne allemande ZDF).

Le mérite du point de vue heideggérien, qui séduit les nationalistes tant par son analyse de la technique moderne que par le souvenir de ses engagements politiques, est qu'il fait centrer l'homme non sur sa subjectivité mais sur le souci de l'Être, de l'être en tant qu'être, rompant avec cet humanisme occidental qui signe la décadence de l'Europe, cet anthropocentrisme qui, faisant de l'homme sa propre fin, le recroqueville sur lui-même et sur ses besoins biologiques, oblitère en lui ce qui fait sa véritable grandeur et sa vraie puissance qui ne tiennent qu'à son pouvoir de s'ouvrir à ce qui le transcende et qu'il a vocation à dévoiler, dont c'est la tâche qui l'élève à proportion de son pouvoir de s'oublier lui-même dans l'exercice de cette tâche. C'est ainsi que Heidegger substitue l'analyse existentiale à l'analyse existentielle ; est existentiel ce qui est relatif à la manière dont un sujet éprouve, exerce et dirige son existence singulière ; est existential ce qui concerne la constitution de l'homme en tant qu'il est homme, ce qui lui est intrinsèque, ce qui relève de l'essence de l'homme entendue non comme une nature, mais comme « ek-sistence » ou « *Dasein* », c'est-à-dire comme « ouvertude » (*Erschlossenheit*), et qui veut que la compréhension de soi passe par la compréhension de l'Être (sous ce rapport l'inquiétude existentielle triviale est fermeture et appauvrissement) ; tout l'être de l'homme est d'être ouvert, et d'être ouvert à ce par quoi il y a des étants ; est existential ce qui relève de la liberté, du souci, de l'angoisse, de l'être-pour-autrui, de l'être-pour-la mort, etc. Dans le même ordre d'idée, est « historial » ce qui relève de l'histoire essentielle, c'est-à-dire de l'histoire de l'Être, et il est à remarquer que cette histoire de l'Être se confond alors avec l'histoire de l'homme en tant qu'il est ouvert à l'être, puisque, pour Heidegger, cette histoire de l'homme est une même chose avec l'histoire de l'Être en tant que ce dernier n'est, considéré dans sa différence d'avec l'étant, que par l'homme. En termes religieux, tout l'être de l'homme est d'être le lieu en lequel se révèle l'Être, étant bien entendu que cette révélation est intrinsèque à l'Être lui-même : l'homme est le « là » de l'Être, mais c'est le décret de l'Être que le « là » se produise. Il y a donc dépendance réciproque de l'Être en tant qu'être et de l'homme en tant qu'homme : la révélation de l'Être est constitutive de l'être et elle se produit en et par l'homme qui s'en trouve ainsi élevé au rang d'instance consubstantielle à ce qu'elle révèle, tel un Verbe consubstantiel au Père qu'il manifeste ; la transcendance heideggérienne de l'Être est toute transcendantale, elle est une transcendance dans l'immanence ; elle donne à l'homme le sentiment de s'effacer en se grandissant dans le service du dévoilement de l'Être auquel il demeure ouvert et dont la tension de cette ouverture, éprouvée dans le souci (*die Sorge*), fait son humanité même ; mais cette transcendance demeure commensurable et même consubstantielle à l'homme qui par là se révèle, à raison de lui-même, exhaussé à la dignité de ce qu'il dévoile. Comme pour Aristote, l'homme de Heidegger est un dieu mortel, mais il n'est pas, pour Heidegger et contre Aristote, d'autre Dieu que ce dieu en lequel le divin advient. Dans son effort louable prodigué pour conjurer les méfaits du subjectivisme moderne, qui somme l'homme de se satisfaire de ses besoins et de célébrer son vide dans l'exaltation de ses glandes, Heidegger, subrepticement, réintroduit le subjectivisme en sommant l'Être de n'être jamais Sujet (comme s'il était impossible à l'Être d'être un étant, ainsi d'avoir ce qu'il est) ; en exigeant de l'Être qu'il soit intrinsèquement dépendant de l'homme (l'Être « a besoin de l'homme » pour être Être), il fait de l'homme la conscience de soi du divin. On est vraiment bien près de la gnose judaïque (Sabbataï Tsevi, Buber, Lévinas), ce qui fait de Heidegger un Juif antijuif, un antijuif qui veut supplanter les Juifs sans changer fondamentalement leur schéma de pensée qu'il se contente de s'approprier en faisant assumer cette fonction par les Aryens, dans une rivalité compétitive qui au fond les identifie l'un à l'autre.

Sous ce rapport, le destin de la réception de la philosophie de Heidegger est le même que celui de la réception de la philosophie de Nietzsche. À l'origine, et en dépit des mises en garde de Nietzsche qui savait et revendiquait son philosémitisme, la philosophie de ce dernier fut promue par les néo-païens en attente d'une justification de la force entendue comme ce qui se passe de toute justification. Et bientôt les Juifs et les penseurs de Gauche en ont légitimement revendiqué l'héritage, par-delà leurs aversions de circonstance ; si l'homme de Droite est bien d'abord celui qui reconnaît l'existence de valeurs objectives, transcendantes, normatives de la subjectivité reconnaissant sa vraie dignité dans son effort de se conformer à elles, Nietzsche, le surhomme créateur de valeurs, est de Gauche, prophète et laudateur de la subjectivité triomphante légitimant son arbitraire par des revendications purement esthétiques. Dans les milieux nationalistes et identitaires, on a aujourd'hui toutes les indulgences pour Heidegger le « Penseur » — opérateur avisé, par ses non-dits, ses formules sibyllines, son choix presque systématique de l'ambiguïté, du véritable culte qui lui est dédié — en tant qu'il fut un soutien de la NSDAP — en son aile gauche révolutionnariste — et un antisémite convaincu quoique passionnel et honteux. Ce sont aujourd'hui les Juifs de Gauche qui revendiquent la paternité de Heidegger en adaptant, conformément à leurs méthodes ancestrales de pillards, le *Dasein* collectif primitivement élaboré dans les intérêts du peuple allemand, à la gloire du peuple juif. La pensée maçonnique d'un Luc Ferry, porte-parole des « philosophes républicains », n'est pas en reste dans cette entreprise de récupération — mais de récupération non infondée, à la honte de Heidegger — des fumées heideggériennes, qui a compris que le subjectivisme livré à sa propre dynamique se résout en consumérisme sordide offusquant ses narines de bourgeois propret et constipé, de sorte qu'il est nécessaire de réintroduire de la transcendance pour prévenir la conversion de l'humanité en porcherie ; mais il doit s'agir de transcendance dans l'immanence si doit être maintenu le postulat de la modernité : la déification de l'insecte humain par ses propres forces.

Le paradoxe du catholicisme

« Car je sais que le bien n'habite pas en moi, c'est-à-dire dans ma chair. En effet, le vouloir réside en moi, mais accomplir le bien, je ne l'y trouve pas. Ainsi le bien que je veux, je ne le fais point ; mais le mal que je ne veux pas, je le fais. Si donc je fais ce que je ne veux pas, ce n'est pas moi qui le fais, mais le péché qui habite en moi. Je trouve donc, quand je veux faire le bien, cette loi, parce que le mal réside en moi. Je me complais dans la loi de Dieu, selon l'homme intérieur. Mais je vois dans mes membres une autre loi qui combat la loi de mon esprit, et me captive sous la loi du péché, laquelle est dans mes membres.

« Malheureux homme que je suis, qui me délivrera du corps de cette mort ? La grâce de Dieu par Jésus-Christ Notre-Seigneur. Ainsi j'obéis moi-même par l'esprit à la loi de Dieu et par la chair à la loi du péché » (saint Paul, Rom. VII, 18-23).

Il est probablement bien des manières erronées de comprendre ce texte, et pour cette raison même aucune d'entre elles n'est catholique. L'Apôtre n'entend nullement signifier que la nature humaine serait mauvaise et que la déiformation gracieuse de l'homme exigerait le piétinement de l'ordre naturel ; dans le même ordre d'idée, le « *Dispersit superbos mente cordis sui, Deposuit potentes de sede, et exaltavit humiles* » du *Magnificat* n'est en aucune façon ce venin égalitaire qu'en sa jeunesse croyait entrevoir en lui le Maître de Martigues. Il y a à la fois convenance de la nature à l'égard de la grâce, à la fois incommensurabilité entre nature et grâce, et évidemment gratuité de la grâce. En tant qu'il y a incommensurabilité, il n'est pas impossible que les Grands de ce monde soient les derniers là-haut, parce que l'ordre de la sainteté n'est pas l'ordre de la réussite terrestre, bien qu'il ne s'y oppose en droit nullement : s'il en était autrement, on ne voit pas comment la grâce pourrait être « *sanans* » en tant qu'elle est « *elevans* » ; cela dit, la nature humaine étant blessée, les réussites terrestres peuvent s'accompagner d'orgueil, mais pas plus que les défaites ou médiocrités naturelles ne se dispensent d'être accompagnées d'envie et de jalousie ; opposer surnature à nature a pédagogiquement pour sens de dévoiler l'incommensurabilité entre les deux, tout en dénonçant les méfaits du péché originel qui blesse la nature, mais ne la détruit pas ; quant au péché originel, même les païens en avaient à leur manière l'intuition : « *video meliora proboque, deteriora sequor* », fait dire, dans les *Métamorphoses*, Ovide par Médée évoquant son amour pour Jason. Il est pour le moins paradoxal qu'il puisse y avoir convenance et incommensurabilité, car l'idée de convenance semble connoter celle de proportionnalité : ce qui convient à quelque chose lui est par définition proportionné. Ce délicat problème du rapport entre nature et grâce ne saurait être traité en quelques lignes, mais c'est l'échec de sa résolution qui rend possible tant le surnaturalisme que le modernisme et le néo-paganisme : le surnaturaliste insistera sur l'incommensurabilité et ignorera l'exigence de convenance, au point d'en venir à opposer nature et surnature au profit de la surnature ; le moderniste oblitérera le caractère de gratuité définitionnel de la grâce et en viendra à rendre la grâce quasi-connaturelle à la nature ; et le néo-païen niera l'existence même d'un ordre surnaturel.

On dira ici simplement, sous l'effet de la suscitation conceptuelle de la *Logique hégélienne de l'Essence*, que si le fini aspire à s'aboucher à l'Infini sans cesser d'être fini (autrement il se perdrait dans l'Infini et ne serait plus là pour en jouir), c'est que l'Infini, auteur premier de cette aspiration travaillant sa créature, est capable de s'approprier à la finitude sans cesser d'être infini ; cela même suppose que l'Infini actuel, ou l'absolu, soit une Réflexion subsistante : activité immobile de se rendre victorieux de tous les degrés finis de perfection qu'il assume, à chacun desquels il est immanent, c'est-à-dire en chacun desquels il est tout entier sans y être totalement, tel un mobile immanent tout entier, quoique non totalement, à chacun de ses moments. Or le degré nul de perfection, terme extrême en lequel s'inverse le processus, n'est autre que le néant dont le sens est radicalement différent sans cesser d'être « *materialiter* » identique selon qu'il est considéré du point de vue de l'origine dont il est la néantisation, ou comme ce néant se reniant (être néantisation de soi de l'absolu, c'est être néant radical, néant de toute chose jusques et y compris de lui-même) et se posant par là comme retour à la perfection plénière de l'origine. Cela dit, le retour à l'origine est position de l'origine en sa vocation à se renier, et tout autant il est, comme résultat d'un mouvement circulaire, l'achèvement de la négation de soi de l'origine (le terme d'un mouvement est par définition la négation de son point de départ). Il est donc position *et* négation de l'origine, position contradictoire de lui-même. Par là — quand quelque chose est contradictoire, c'est sa négation qui est — il est négation de la vocation à se nier qu'il s'est révélé être. En posant cette origine qui se convertissait en néant, le retour nie — tout en l'affirmant — la vocation de l'origine à se convertir en néant. Mais comme, identité à soi réflexive, il s'est conféré la forme d'un Cogito, ainsi d'un sujet s'objectivant, et l'acte de son objectivation de soi — lui qui est contradictoire, ainsi néant — est précisément la re-position, comme sa confirmation, du moment négatif de la réflexion, à savoir de ce néant se reniant : en s'objectivant dans lui-même, en réduisant à un moment du processus le résultat du processus qu'il exerce, le résultat se libère de sa contradiction en même temps qu'il la libère, et se pose éternellement tel ce non-contradictoire assomptif de toute contradiction vaincue, confirmée en tant que vaincue. Tel est l'infini concret, l'Acte pur dont l'essence est la Pensée de lui-même.

Si l'on consent à discerner autre chose qu'un verbiage abscons dans ce qui vient d'être exposé, on remarquera qu'on obtient là *les conditions d'une intelligibilité du paradoxe central du catholicisme, à savoir la convenance de la nature à l'égard de ce qui lui est incommensurable* : si la créature pensante ressemble à son créateur, elle est, elle aussi, identité à soi réflexive, et, s'il n'est pas de convenance qui n'implique une commensurabilité, c'est seulement dans le moment de la déité se faisant néant d'elle-même qu'il y a commensurabilité, de telle sorte que Dieu considéré dans sa réalité positive ou plénière est effectivement incommensurable à la créature qui, sans le don gratuit de la grâce, se repose comme en sa fin naturelle en ce néant saisi par elle réflexivement quand, comme il l'a été établi ici dans la première partie, l'âme devient, séparée, transparente à elle-même, habilitée à se saisir d'elle-même telle qu'elle est en son acte créateur immanent, lequel, acte du Créateur, est aussi, « *secundum quid* », le Créateur lui-même en son activité créatrice.

La chair conspire contre l'esprit, dit l'Apôtre, ce qui fait croire au chrétien surnaturaliste que la chair serait mauvaise, que le salut serait dans la seule intériorité ainsi vouée, immergée dans un monde terrestre infernal, à se crever les yeux et à se boucher les oreilles à la manière d'un puceau effarouché égaré dans un bordel, et à refouler tous les instincts de violence, de lutte et de victoire, de jouissance et de créativité, pour s'ouvrir à la grâce, telles des âmes saintes dans des corps débiles et malpropres, au sein d'une vallée de larmes qu'on n'occupe que pour apprendre à la quitter en souffrant. Mais si l'absolu est réflexion (ontologique, ainsi réflexion substantielle avant que d'être puissance opérative de réflexion noétique), s'il a la forme d'une négation de négation, alors toute créature l'est aussi selon son degré de perfection, et l'esprit même créé se révèle victoire sur la chair qu'il confirme. Si l'esprit est en soi, par essence, victoire sur la chair qu'il confirme, ce conflit congénital entre chair et esprit n'est pas de part en part peccamineux, il est constitutif de la nature humaine en son intégrité primitive, et le péché originel, loin d'instaurer le négatif, le rend languide, incapable de se rendre victorieux de lui-même ; *c'est par défaut et non par excès de négativité que le négatif est peccamineux*. Il est naturel à la chair de tendre à se soustraire à l'esprit qui s'actualise comme esprit en se rendant victorieux de la chair en laquelle il s'aliène mais qu'il confirme dans l'exacte proportion où il la vainc. *L'erreur spéculative originaire du surnaturalisme consiste à confondre la négativité et le péché.*

L'infini concret est non l'infini exclusif du fini, mais l'infini qui assume le fini pour le vaincre en le faisant se renier par l'acte de le radicaliser ; aussi l'esprit n'est-il pas ce qui répugne à la matière, mais ce qui s'en fait victorieux en l'assumant et l'assume en la radicalisant. Or tout l'être de la matière est d'être en puissance, laquelle a raison de privation de la perfection actuelle ou formelle à laquelle elle est suspendue et qu'elle conteste. Donc en la contestant absolument, la matière se conteste elle-même, et cette contestation radicalisée est la matière prime, laquelle, à ce titre, n'est plus matière, mais « *terminus a quo* » de la vie de l'esprit à ce titre assumé par l'esprit en tant qu'esprit qui, en niant souverainement la matière, la réalise absolument dans son ordre de matière. Si la corporéité est bien la matière déterminée (« *materia signata* ») ou existante, elle est l'effet d'une impuissance de la forme à achever sa réflexion constituante qui, si elle était exhaustive, ferait de cette forme une réalité spirituelle sans matière. Dès lors, l'âme séparée ne perd rien en perdant son corps, fors l'actualisation des moments intermédiaires de sa réflexion substantielle. Et c'est pourquoi il eût été possible à Dieu de créer l'homme « *in puris naturalibus* » : la résurrection de la chair, étant surnaturelle, n'aurait pas eu lieu et l'âme ne se fût pas trouvée, pour autant, en état violent car, si tel pouvait être le cas, ou bien Dieu serait un Créateur injuste, ou bien la grâce serait exigible ; or les deux termes de l'alternative sont théologiquement et philosophiquement irrecevables, de sorte que ce ne peut être là une vraie alternative.

Dès lors qu'il est naturel à la chair de tendre à se soustraire à l'esprit dont elle procède, la négation de la chair, exercée dans l'abnégation propre à l'ascétisme et à laquelle invite le christianisme, est encore naturelle, elle demeure dans le sillage des vœux de la nature. Tant la lutte contre la chair que l'aliénation bienheureuse — en tant qu'extériorisation —

de l'esprit en chair sont des moments obligés de la vie de l'esprit.

Le naturalisme, qui abhorre le renoncement au monde comme condition de la vie intérieure par là saisie par lui comme une abstraction « orientale » mortifère, croit que la chair extériorise et actualise l'esprit qui se dirait tout entier en elle, alors qu'elle n'est qu'un moment de la vie de l'esprit encore charnel aussi longtemps qu'il n'est pas absolument lui-même ; le surnaturalisme méconnaît, en retour, qu'il est définitionnel de l'esprit d'assumer la chair. La chair conspire contre l'esprit, en un sens peccamineux, du fait de la blessure du péché d'origine, qui rend l'âme languide, incapable de surmonter le corps en lequel elle se préfigure ; mais elle conspire contre l'esprit de manière non peccamineuse en tant qu'il est de soi victoire sur elle qu'il confirme, de telle sorte que cette lutte contre la chair, qui n'est que l'envers obligé de l'aspiration de l'esprit à s'objectiver en elle, est elle-même naturelle, et sous ce rapport l'invitation surnaturelle aux macérations, à l'ascétisme est dans le vœu de la nature humaine bien comprise. C'est ce que méconnaît le néo-païen, quand le surnaturaliste ignore ou veut ignorer tant cette invitation à aimer la chair pour la crucifier, qu'à aimer la chair telle cette manifestation de l'esprit maître de lui-même s'objectivant souverainement en elle. Quant à l'idée de l'absolu entendu comme Réflexion éternelle, immobilité du Parfait entendue comme radicalisation du mouvement circulaire, on voudra bien être attentif à la leçon, par exemple, de saint Grégoire de Nysse (au IVe siècle).

Ce Père nommait « épectase » (ἡ ἐπέκτασις : extension) cette vie spécifique du paradis céleste, définie par un mouvement infini conjuguant progrès et perfection, avancée et repos, désir et fruition ; le mouvement vers Dieu ne s'achève en Dieu que pour y renaître en s'y revitalisant : « L'homme qui désire voir Dieu voit celui qu'il recherche dans le fait même de le suivre ; **la contemplation de sa face, c'est la marche sans répit vers Lui**, qui est réussie si l'on marche à la suite du Verbe » (*Homélies sur le Cantique des Cantiques*, Migne, coll. « Pères dans la foi », p. 246). On ne peut chercher Dieu qu'en l'ayant trouvé, mais, l'ayant trouvé, on ne cessera de le chercher. Or si Dieu est tel que la possession de Dieu est encore recherche de Dieu, c'est que Dieu est en soi — en tant même qu'Acte pur absolument immobile et parfait — recherche de Lui-même, devenir intérieur à Son immobilité, infini devenir de ce qui coïncide et ne cesse de coïncider avec soi ; ce qui n'a lieu que si une telle identité à soi du Parfait est identité à soi *réflexive*, comme au reste l'enseigne la théologie trinitaire de la périchorèse. Reprenons le raisonnement ci-dessus évoqué :

Si Dieu est plus intérieur à la créature qu'elle ne l'est à elle-même, c'est qu'elle n'est pas en parfaite coïncidence avec soi, et que cette non-coïncidence avec soi la définit dans son identité de créature, ce qui en revanche exige que l'Incréé soit absolue coïncidence avec soi. Mais en tant qu'il est plus intérieur à la créature qu'elle ne l'est à elle-même, il est intérieur à ce qu'il n'est pas, et il est tel à raison de son absolue identité avec lui-même ; force est ainsi d'en conclure qu'il est encore en lui-même en étant hors de lui-même, et que son extériorisation lui est immanente ; s'il est intérieur à lui-même *en tant* qu'intérieur à ce qu'il n'est pas, c'est qu'il est encore lui-même en n'étant pas ce qu'il est, et cela n'est possible que s'il est, indépendamment de et « avant » la création, éternelle victoire sur sa propre aliénation ; autant confesser qu'il est réflexion, et que son immobilité, loin d'exclure le devenir, est radicalisation de la mobilité même se sublimant en immobilité. Et c'est pourquoi la créature, ontologiquement déficiente par rapport à son Auteur, demeure à son image non seulement par la perfection à laquelle elle participe, mais encore par son défaut de participation à une telle perfection. Et c'est pourquoi, inversement, une telle limitation structurelle de la créature, qui signe son imperfection, l'habilite paradoxalement à entretenir une naturelle relation de convenance à l'égard de la perfection gracieuse qu'elle reçoit surnaturellement. Ces précisions rappelées, on voit plus clairement que l'exaltation chrétienne des humbles, l'affirmation de ce que les premiers seront les derniers, n'a rien à voir avec l'esprit de révolte des faibles et des tarés contre les forts et les gens bien nés : le fini est en relation de convenance à l'égard de l'infini parce que l'infini n'est tel que s'il assume en et pour lui-même, selon son mode propre, le fini, et ce n'est pas là mettre le fini au-dessus de l'infini, la faiblesse au-dessus de la force ; c'est rappeler que la force sans la maîtrise d'elle-même est une illusion de force ; par ailleurs, il en est des humbles comme il en est des pauvres *en esprit* : on peut être riche et talentueux tout en étant détaché des biens mondains, être socialement pauvre et naturellement médiocre, et cultiver l'orgueil tout en nourrissant la plus triste pingrerie : on peut être naturellement et surnaturellement riche, ou être surnaturellement et naturellement pauvre. Le chrétien est le premier à savoir et à enseigner que l'on peut être naturellement médiocre et plein de soi-même, dans le moment où un autre peut être étonnamment doué naturellement et détaché de lui-même ; qu'on peut être socialement riche et détaché de ses biens, socialement pauvre et misérablement attaché à ses biens ; et il est le premier à savoir et à dire que, pour donner, il faut avoir.

La rationalité de la souffrance

Les résultats de ce qui précède autorisent, parce qu'ils permettent de le résoudre, à évoquer le problème de la souffrance.

On accuse volontiers, non sans bonnes raisons apparentes, les catholiques de se faire laudateurs de la souffrance, et l'on dénonce en cette dilection singulière la pathologie du chrétien qui s'y love, à savoir la haine du monde inspirée par le ressentiment des faibles incapables d'habiter un monde dangereux ; on se gausse de « la bonne souffrance chrétienne » vantée par les confesseurs des siècles passés, gros abbés rougeauds conjuguant caporalisme et bonne conscience niaise, dont l'haleine sentait l'ail, aux pieds odorants, avec de grosses mains de paysans recouvertes de poils noirs et drus, toujours du côté du manche dans les rapports de force politiques, invitant le bas peuple à la résignation tandis que la bourgeoisie catholique s'en mettait plein les poches et recevait la bénédiction de l'évêché pourvu que ses caisses fussent pleines. Il est clair que cette caricature est détestable parce qu'elle passe sous silence les exemples édifiants de maints prêtres rudes et saints, d'exemples rayonnants de bonne humeur et de réalisme inspiré par un idéalisme puissant ; elle passe aussi sous silence l'exemple de maints chefs d'industrie, penseurs, militaires, aristocrates et bourgeois catholiques désintéressés, généreusement soucieux de la question sociale. Il est vrai aussi que cette caricature comporte, comme toutes les caricatures, une part de vérité : le plébiscite de la souffrance fut et reste l'objet de maintes récupérations inavouables, telle cette « prudence » circonspecte à l'égard de toutes les revendications de justice sociale, telles ces injonctions à la « résignation » celant une soumission aux iniquités des puissants du jour et une complaisance dans l'échec destinée à satisfaire les pulsions de ressentiment. Et les contempteurs nietzschéens du Crucifié, sans originalité, de dénoncer corrélativement le défaut de vitalité chez ces sulpiciens effrayés par la puissance dionysiaque — ainsi formidable dans sa démesure — des jubilations en général. Ce tour d'esprit est la plupart du temps l'apanage des révoltés en rupture de ban néopaïenne avec un christianisme dont ils ont été incapables de comprendre le vrai sens, ou que les chargés d'apostolat, gâtés par l'esprit démocrate-chrétien, n'ont pas su leur communiquer. *A contrario*, les bien-pensants catholiques développent trop souvent un plaidoyer pour la souffrance entaché de tous ces travers d'origine surnaturaliste que le néo-païen dénonce légitimement chez eux.

Quand les choses vont mal (et il est vrai qu'elles ne vont jamais très bien, et même que « tout a toujours très mal marché » comme le disait Bainville repris par Ernst Jünger), nous sommes toujours tentés de rejeter la « règle du jeu » de la vie chrétienne régie par l'impératif de la Croix, sans nous rendre compte que cette règle du jeu qui nous est imposée par l'Auteur de notre vie est aussi la règle de notre être intime, de sorte que, en refusant de jouer selon les règles de Dieu, on se refuse à soi-même sans le savoir.

On pense toujours plus ou moins clairement, dans les moments d'exaspération et de révolte, que Dieu est innocent mais n'est pas tout-puissant ; mais alors Dieu n'est pas Dieu, et l'athéisme s'annonce, qui fait se résoudre la vie dans l'absurde ; ou bien que, Dieu étant tout-puissant, Il aurait pu nous dispenser de souffrir, de sorte que, si nous souffrons, c'est qu'Il l'a voulu, et dans ces conditions il nous semble que nous n'avons pas de raison de L'aimer. Surtout : si Dieu s'offre par amour en sacrifice à notre place, c'est que la dette est payée ; mais alors pourquoi nous faire payer quelque chose en surcroît ? Dieu semble se jouer de nous, faire semblant d'être le Dieu d'amour ; n'est-ce pas le Dieu juif père du Nazaréen qui, en attente de sa livre de chair, se met à l'école des Juifs dont il continue les trafics en monnayant ses grâces ? On peut comprendre d'un côté la nécessité de la justice divine de vindicte : Dieu ne doit rien à l'homme qui Lui doit tout ; mais alors qu'on ne parle pas d'amour. On peut comprendre, d'un autre côté, le Dieu d'amour qui dispense sa miséricorde. Mais que l'amour divin pour la créature passe par le plébiscite — opéré par cette dernière et exigé d'elle — des effets douloureux de la vindicte qu'elle subit, voilà qui semble incompréhensible et, à ce titre, proprement révoltant. Comme le rappelle l'abbé Arminjon (*Fin du monde présent, mystères de la vie future*, 1881, rééd. ESR, 2007, p. 270), Notre Seigneur Jésus-Christ a satisfait totalement pour tous les péchés des hommes, tant pour les peines temporelles que pour la peine éternelle, et c'est si vrai pour le catholicisme qu'un baptisé rappelé à Dieu juste après son baptême irait directement au Ciel ; mais alors pourquoi, après le baptême, la transmission de la rédemption n'atteint-elle l'homme que dans un mélange de charité et de justice, qui fait de la pénitence, selon le mot de Tertullien, un baptême laborieux ? Un regard de révolté discernera dans ce fait une espèce de mesquinerie de la part de ce Dieu qui reprend d'une main ce qu'Il prétend donner de l'autre. Les bien-pensants nous disent — et leur propos est exact, mais il tient pour acquis ce qui est à expliquer — qu'on ne saurait dépasser le Maître et que, s'Il a voulu souffrir, nous devons aussi plébisciter la souffrance afin d'être incorporés à Lui. Mais précisément, Dieu aurait pu, « *de potentia absoluta* », sauver l'homme sans souffrir, et sans le faire souffrir. On attend donc une explication.

Rappelons que le plus haut degré d'être est le plus haut degré de vie, que vivre est avoir en soi le principe de son mouvement ; vivre, c'est donc poser en soi le « *terminus a quo* » du processus dont on est le « *terminus ad quem* », c'est ainsi avoir la forme d'une réflexion, laquelle est victoire sur son contraire (elle est négation de négation) ; donc la vie est par essence victoire sur la mort, assomptive du fini qu'elle infinitise quand elle s'absolutise. Il n'y a pas de victoire sans lutte, il n'y a pas de lutte sans souffrance. La souffrance est ainsi au cœur de l'être en tant qu'être, et en ce sens vivre est combattre (le fascisme est sous ce rapport la transcription politique de cette vérité métaphysique), et l'Absolu « risque sa peau » de toute éternité ; si la souffrance est au cœur de l'être en tant qu'être, tel l'envers obligé — vérité captive de la gnose — du Bien avec lequel l'être est convertible, c'est que la souffrance n'est pas contre nature, de sorte que l'invitation chrétienne à la souffrance n'est pas violation de l'ordre naturel. Certes, il n'y a pas pour Dieu, non plus que pour les élus du Ciel, de souffrance à proprement parler, parce que pour eux l'acte de souffrir (de subir) coïncide sans succession avec l'acte de vaincre, mais, pour nous qui sommes dans le temps, et qui de toute façon ne sommes pas l'origine de la réflexion qui nous fait être, il y a succession. Dans cette perspective, ainsi qu'il vient de l'être dit, le Modèle est bien, indépendamment de et « avant » la création, éternelle victoire sur sa propre aliénation, et il est bien nécessaire d'affirmer qu'il est réflexion, de sorte que la créature, ontologiquement déficiente par rapport à son Auteur, *demeure à son image non seulement par la perfection à laquelle elle participe, mais encore par son défaut de participation à une telle perfection.* Et c'est pourquoi encore Dieu a voulu, en nous sauvant par amour, magnifier, par le maintien de la souffrance qu'Il aurait certes pu faire disparaître, cet aspect de participation à Lui que sont la finitude naturelle et la douleur qui s'y attache naturellement, aspect qui, transfiguré par la grâce et par la charité, se révèle désir d'être semblable au Dieu souffrant en Croix, et ainsi prend le sens d'une participation active à notre propre rédemption. Les « théologiens spéculatifs » contemporains, hégélianisants mais modernistes, parlent non sans pertinence de « staurologie » pour évoquer l'ontologie hégélienne (ὁ σταυρός : pieux, croix). Si la surnature soigne la nature à proportion qu'elle la surélève, elle invite la nature ainsi reconstruite à s'autonomiser (plus une chose est parfaite, plus elle est autonome), par là à se contre-diviser à l'ordre de la surnature dans l'acte où elle se soumet à lui, à la manière dont la volonté se révèle d'autant plus libre, d'autant plus maîtresse de son acte, qu'elle est plus soumise à la raison. Et c'est ce qui se produit dans l'économie de la Rédemption : avec le don de la grâce qui résulte de l'Incarnation, Dieu décide de nous restituer à l'idéal de la nature qui eût été le nôtre en état de pure nature, ainsi plus autonome que cette nature d'avant la Chute, plus autonome que cette nature flanquée de dons préternaturels qui la dispensaient de souffrir ; mais Dieu décide de nous restituer à une nature embellie par la grâce, qui conjugue la transfiguration surnaturelle et les déficiences non peccamineuses de la nature ; la Très Sainte Vierge Marie elle-même n'a pas joui des dons préternaturels. Cela dit, une telle autonomie, ayant pour prix la suppression des dons préternaturels, faisait qu'il était dans l'ordre que le régime de la Rédemption fût aussi celui de la réhabilitation des souffrances naturelles. Dès lors, l'invitation à participer aux souffrances du Christ, trop souvent vécue — pour la condamner ou pour l'accepter — comme si elle était une limitation opérée par la justice de vindicte de l'amour salvateur, n'est pas l'effet d'une parcimonie de Dieu, ou d'un côté rancunier ou sadique ou « sulpicien » de Dieu, ou d'une haine de la jouissance, ou de la pusillanimité d'une vitalité exténuée, ou d'une pathologie masochiste, ou d'un reliquat d'esprit juif dans le christianisme ; elle est comme l'effet de la surnaturalisation de cette invitation faite à la créature de participer, par sa finitude même, aux perfections de Dieu. Ce qui n'est autre, ici, qu'être élevé par amour à la dignité de coopérateur de sa propre rédemption.

Affirmation de soi et abnégation

Si l'on se souvient de cette élémentaire dialectique de l'amour qui fut évoquée en première partie, on sait que l'amour a la forme d'une victoire sur la haine, et qu'il résout sa contradiction (unité de l'attraction et de la répulsion) dans et par l'engendrement d'un troisième, le rejeton des amants. Ce raisonnement doit être rapproché de la dialectique de l'amour exposée par Platon dans *Le Banquet*, laquelle dit au fond la même chose : le désir s'éveille à lui-même en se portant sur des biens sensibles et finis qui, comme participations du Bien, dévoilent ce dernier — de nature spirituelle — tel l'objet véritable du désir par là invité à se détacher des biens inférieurs afin d'aspirer à des biens plus élevés. Ce qui se produit, c'est que le désir, comme puissance, ne se révèle que par son acte, mais que, en tant qu'il est en acte, il devient objet d'amour, objet pour lui-même ; or ce qui se réfléchit est infini, ayant la forme d'une négation de négation, d'une victoire sur sa propre aliénation, par là se révélant inclusif de son autre ; s'il a en lui-même sa limite, c'est qu'il est illimité. S'appréhendant comme infini par l'exercice même de sa réflexivité, le désir est alors invité à s'arracher aux biens qui le focalisaient, afin de s'élancer vers des biens supérieurs, et ce jusqu'à la révélation du Bien. Ainsi peut-on distinguer les scansions suivantes : amour des biens extérieurs, retour sur soi comme aimable à soi-même, amour réitéré des biens extérieurs mais concomitant de l'amour de soi-même, arrachement aux biens finis — c'est-à-dire répulsion ou haine —, enfin relance en direction du Bien. L'hymen entre le désir et son objet, conformément à la dialectique évoquée en première partie, devrait se résoudre dans l'engendrement d'un troisième terme ; dans la perspective de Diotime, il n'y a pas engendrement d'un troisième terme en lequel amant et aimé sont un sans cesser d'être deux ; il y a libération du désir focalisé par un bien plus élevé que celui sur lequel il se portait primitivement. Si, par l'exercice même de son désir, l'homme est à même d'engendrer un désir plus exigeant et plus noble, c'est que l'homme se révèle responsable de sa puissance d'aimer ; il ne crée certes pas son désir, mais il maîtrise les formes en lesquelles il éclot. Et c'est là la forme accomplie de l'affirmation souveraine de soi. On s'aperçoit donc que l'affirmation de soi, que l'on croyait antinomique de l'abnégation, enveloppe l'abnégation (arrachement aux biens finis, crucifiement du moi investi dans les biens extérieurs), et lui est coextensive. Qui veut promouvoir l'affirmation de lui-même sans abnégation équivaut dialectiquement à celui qui renonce à soi par haine et refus de soi-même ; tel était bien l'enseignement de Lanza del Vasto rappelant que le suicide est la substance de la passion, en tant qu'il est oubli de soi sans abnégation. Et il est tel — oubli de soi entendu comme suicide ou refus de soi — précisément parce qu'il est amour déraisonnable de soi, complaisance en soi-même : le refus de l'intériorité qui renvoie au-dessus de soi, consommé dans la passion pour l'extériorité qu'on entend dévorer et dominer, se résout en culte subjectiviste d'une intériorité stérile. Si l'abnégation — arrachement aux biens extérieurs finis — est l'envers obligé de la conquête et de l'audace (tension vers l'absolu), alors la véritable virilité, tout comme les authentiques jouisseurs, sont du côté du christianisme et non dans le camp de Calliclès. Mais cette forme accomplie de l'affirmation souveraine de soi n'est possible que si l'on consent à aimer les biens finis, ne serait-ce que pour les nier, à reconnaître et à éprouver ce que l'on crucifie. La dialectique de l'amour est une modalité de la dialectique de l'intérieur et de l'extérieur, dans laquelle l'amour prend la place de l'intérieur et le bien celle de l'extérieur ; or l'intérieur concret, ou intériorité spirituelle, est identité de l'intérieur et de l'extérieur : si l'intérieur est exclusif de l'extérieur, il est *extérieur* à l'extérieur ; le culte unilatéral de l'extérieur pur est la frénésie anglo-saxonne de l'extrême Occident, qui rejoint dialectiquement le culte de l'intériorité sans extériorisation (passion sans abnégation), et qui pour cette raison se fait enjuiver complaisamment ; l'intérieur pur est la torpeur du bouddhisme ; entre les deux, on a tous les degrés du fataliste oriental ; au-dessus, on a le christianisme qui plébiscite l'intériorité en vue d'un bien extérieur élevé qui en retour renvoie à l'extrême de l'intériorité : l'activité contemplative s'enracine dans l'intérieur mais elle est la plus haute forme de l'action (vérité captive du blondélisme) ; la spéculation est le sommet de la vie.

Les catholiques à bon droit hostiles au modernisme, au naturalisme néo-païen, à l'esprit du judaïsme, croient se prémunir contre ces maux en se faisant surnaturalistes. Pour illustrer les méfaits du surnaturalisme, il est opportun de se pencher sur deux logiques destructrices qui l'illustrent tout particulièrement : la logique de la miséricorde au détriment de la justice de vindicte, et la logique politique de l'esprit théocratique.

Le pardon, forme supérieure du courage, ou masque de la lâcheté ?

Il y a aujourd'hui, dans l'esprit du temps partagé par les humanistes maçons et les chrétiens-démocrates toujours peu ou prou modernistes dès lors qu'ils sont conciliaires, une conception suicidaire et tordue de la charité, au nom de laquelle l'Europe devrait se laisser envahir et soumettre par les centaines de millions d'étrangers avides qui la cernent et déjà l'investissent, à peine de pécher contre l'amour du prochain, ainsi de pécher contre l'amour de Dieu. Il faudrait donc adopter le comportement et les décisions des vaincus pour faire son salut. C'est là évidemment une erreur grossière proprement stupide qui suscite l'indignation et qu'il n'est pas difficile de réfuter. L'ordre naturel n'est pas l'ordre surnaturel. L'égalité de tous devant Dieu, au nom de l'égale vocation de tous à la sainteté, corrélat du statut commun à tous d'*imago Dei*, n'est nullement ablative des tensions et inégalités propres à l'ordre naturel. Et pour donner, il faut avoir ; s'il faut affaiblir le fort pour fortifier le faible, on affaiblira tout le monde. La conception de la charité développée aujourd'hui par un Bergoglio est proprement criminelle et appellerait qu'il fût pendu haut et court pour de simples raisons politiques,

LE CONFLIT NON SURMONTÉ DU NATIONALISME

sans parler de sa théologie moderniste. Mais cet esprit qui confond paix et démission, qui se masque sa lâcheté en feignant de croire aux sophismes et mensonges éhontés dont les Juifs et mondialistes abreuvent le peuple européen, n'est pas étranger à la mentalité chrétienne et catholique antérieure à l'explosion du modernisme et au Ralliement enclenché par Léon XIII. Depuis fort longtemps en fait, il y a chez maints catholiques une propension à tout exiger de la victime et à innocenter le coupable, à méconnaître que la vengeance est une vertu morale, que la charité ne dépasse la vengeance qu'en l'assumant, que la miséricorde ne blesse jamais la justice, que la miséricorde « *non tollit justitiam, sed est quaedam justitiae plenitudo* » (saint Thomas d'Aquin, *Somme théologique*, I^a q. 21 a. 3). Cette aversion presque pathologique pour la force virile, pour la légitimité et la grandeur morale du châtiment, pour les requêtes du sens de l'honneur attendant réparation, tout cela est vraiment l'expression du surnaturalisme à bon droit réduit, par les païens et néo-païens, à l'esprit des sous-hommes nietzschéens et plus généralement des décadents prêts à se faire égorger par les Barbares. Et tout cela relève d'une conception surnaturaliste de la grâce (la surnature n'investirait la nature qu'en la contestant), qui en vient à substituer la surnature à la nature : la miséricorde devrait se substituer à la justice de vindicte, et en vient à devenir une exigence morale plus fondamentale que celle de la justice ; elle finit par naturaliser la surnature (la vraie nature de l'homme, ce serait au fond la grâce, et la nature de la grâce en vient à devenir la vraie nature de l'homme).

C'est là exactement le reflet de la démarche d'Henri de Lubac, inspirateur de Vatican II : la grâce est gratuite mais l'homme ne peut s'en passer, non seulement parce qu'il est pécheur depuis Adam, ainsi frappé d'une blessure naturellement inguérissable, mais encore parce que sa plus haute gloire serait d'être habité par des désirs qui excèdent ses pouvoirs naturels de les combler, de telle sorte que la grâce doit être tenue pour gratuite et nécessaire (Lubac fut condamné par Pie XII dans *Humani Generis*) du point de vue de la nature même non blessée de l'homme. De même, pour le moderniste, la miséricorde est gratuite en principe, la chose est concédée du bout des lèvres, mais c'est un devoir absolu de l'honorer, parce que la satisfaction des exigences de la justice de vindicte est supposée réveiller le vieil homme dans l'homme nouveau, ainsi est censée refermer l'homme sur lui-même et le dénaturer. Ces gens qui justifient leur aversion pathologique pour les conflits en excipant de l'impératif de charité, qui sont judéophiles, libéraux, démocrates, « jean-paulistes », pousseront le vice de leur rhétorique spécieuse jusqu'à opposer, d'un air sévère et sur un ton sans appel, l'impératif de l'amour régénérateur substitué à l'antique loi juive du talion : ils récusent, par dilection judéophile, la théologie classique de la substitution, mais ils la convoquent subrepticement à leur manière (la loi du talion est la loi juive et elle est abolie) quand ils trouvent là occasion d'occire les défenses immunitaires de l'Occidental à lui léguées par ses ancêtres païens, guerriers et conquérants. Parce que ce légitime — parce que naturel — instinct de vengeance, qu'ils refoulent, ne laisse pas de les travailler malgré eux, ils l'exercent sans presque s'en rendre compte non sur les offenseurs mais sur les gens normaux qui ne font pas du pardon un impératif inconditionnel qui pourrait se dispenser de satisfaire aux exigences de la justice ; c'est ainsi qu'ils condamnent et combattent non ceux qui font du mal mais ceux qui n'en font pas, faisant servir l'impératif de charité à la cause de l'injustice et de l'impudence, s'efforçant à instiller la mauvaise conscience dans l'âme des gens honnêtes encore soucieux de ne pas se laisser spolier, envahir et outrager, c'est-à-dire de respecter l'ordre des choses. À leurs yeux, l'offensé serait plus coupable de ne pas pardonner que l'offenseur ne l'est d'offenser, au point qu'on les sent brûler du désir d'enseigner — ce qu'ils n'osent tout de même pas professer ouvertement — que le fait d'être pardonné serait un droit que l'offenseur pourrait revendiquer sur l'offensé : il lui rendrait même service en l'exigeant, puisque le pardon est supposé libérer l'offensé de sa rancune qui l'étouffe et le rend mauvais, de telle sorte que, en dernier ressort, il faudrait éprouver de la gratitude à l'égard de l'offenseur, et l'inviter à réitérer ses offenses.

Telle est au fond la position contemporaine — qui se veut « catholique » conciliaire, expressive de cette « modération » des conciliaires bourgeois conservateurs — d'un Pascal Ide par exemple (*Est-*

il possible de pardonner ?, Éditions Saint-Paul, 1994) ; cet auteur, qui substitue un « judéo-christianisme » au véritable catholicisme, formule, sur le ton larmoyant des modernistes, maints éléments constitutifs d'une aversion pour la brutalité du monde réel — c'est-à-dire d'une aversion pour le monde — fort répandue, à cause de leur surnaturalisme, chez les catholiques traditionalistes eux-mêmes :

« Le pardon refusé aveugle et tue, le pardon accepté illumine et vivifie » (p. 16). « Mettre une condition au pardon, c'est refuser de pardonner, c'est demeurer dans une logique de vengeance et se fermer à la gracieuseté du don » (p. 33). « (...) parmi les diverses formes que revêt le don, le "par-don" est sans doute la plus sublime. Elle exige de la part de celui qui y consent un deuil terrible : il renonce à son droit, à son honneur, à sa vie même, c'est-à-dire à ce qui lui tient le plus à cœur. Ce faisant il réalise l'imitation la plus parfaite de Dieu » (citation de Jean-Louis Bruguès, proposée par Ide p. 40-41). « Le premier geste du pardon appartient à l'offensé qui n'attend pas le geste de l'offenseur. Revendiquer l'initiative de l'offenseur est, pour une part, réduire le pardon à un dû, donc à un acte de justice et, surtout, courir le risque de ne jamais pardonner » (p. 81). « Le pardon efface la dette et renonce à la vengeance légitime » (p. 81), ce qui est vrai, mais cela n'empêche pas notre auteur de déclarer que, s'il transcende toute justice, « nous avons pourtant reconnu en lui comme une nécessité qui n'ôte rien à la gratuité » (p. 88). On retrouve bien là le thème moderniste soutenu par le Père de Lubac : la grâce serait gratuite (vrai) et nécessaire non par l'accident du péché mais par la constitution naturelle de l'homme (faux), ainsi au fond exigible (faux) ; donc de même que la grâce est plénitude de la nature, la miséricorde est plénitude de la justice, et c'est ainsi que tout en demeurant gratuite elle devient nécessaire, ainsi exigible. « (…) à l'origine (…), il y avait l'amour créateur de Dieu fondé sur la dignité de l'homme **et** son appel à la vie divine » (p. 110). Avec de tels postulats, l'auteur en vient à insinuer (p. 110-111) que c'est parce que Dieu a créé l'homme pour lui donner sa grâce que le pardon est possible. « (…) la logique de l'exemple (…) et du témoignage est par excellence celle de la non-violence et du respect de la conscience de l'autre » (p. 126). Pascal Ide déclare p. 139 : « Je me sépare donc de Jean-Louis Bruguès quand il en vient à conditionner la démarche du pardon par la reconnaissance de l'offense : le pardon "suppose que le péché soit librement reconnu par son auteur : comment pourrait-on pardonner à celui qui ne se juge coupable de rien ?" »

On est vraiment loin de saint Thomas dont Pascal Ide ne cite que ce qui l'arrange et ne s'aperçoit même pas que la condition du pardon définie comme reconnaissance par l'offenseur de son erreur n'est nullement réduire le pardon à un dû ou à un acte de justice, puisque la simple justice exigerait non seulement cette reconnaissance, mais encore l'application du châtiment dont précisément dispense le pardon. Avec de tels philosophes et théologiens, on produit des hommes asexués, ou plutôt féminisés ; il n'est pas étonnant que les femmes d'aujourd'hui se détournent des Occidentaux pour se faire saillir par les Arabes, les Nègres et les conquérants ; que les Occidentaux soient de plus en plus souvent invertis, et que l'islam fasse des progrès foudroyants. Considérons le véritable enseignement de saint Thomas d'Aquin.

La justice appelle des vertus annexes : de religion, de piété, de vérité, de gratitude **et de vindicte** (*Somme théologique*, II^a II^{ae} q. 80). À propos de la **vertu de vengeance** (II^a II^{ae} q. 108), il est nécessaire de venger les offenses quand l'honneur de Dieu ou le bien commun ou l'honneur du prochain est en cause ; quand on est seul en cause, il faut supporter l'offense avec patience, « **à moins d'avoir des raisons d'agir différemment. Car ces préceptes de patience s'entendent en ce sens qu'il faut avoir l'âme prête à les observer quand les circonstances l'exigent, comme le dit saint Augustin.** » Or, dans la question 30 a. 3 de la II^a II^{ae}, consacrée à la miséricorde, saint Thomas rappelle l'enseignement de saint Augustin : « Ce mouvement de l'âme obéit à la raison, lorsqu'on fait miséricorde, *la justice étant sauve* ; soit qu'on secoure l'indigent, **soit qu'on pardonne** à *celui qui se repent*. » Au reste, saint Thomas précisait (II^a II^{ae} q. 107 a. 4) : « **Si cependant multiplier les bienfaits n'aboutit qu'à accroître et à aggraver l'ingratitude, il faut alors cesser de faire du bien.** » En II^a II^{ae} q. 108 a. 2, il est précisé : « Celui qui ménage la baguette hait son fils » (Prov. 13, 24). L'Aquinate y explique que nous sommes naturellement portés à repousser les choses nuisibles, d'où la différence réelle entre concupiscible et irascible ; l'homme suit *naturellement* l'irascible en repoussant les offenses pour ne pas en être atteint, **ou en les punissant s'il en a été atteint, afin d'éviter d'en être victime** ; la vertu de force est alors l'auxiliaire de la vertu de vengeance pour dominer la crainte du danger à braver. En I^a II^{ae} q. 109 a. 2, il est rappelé que pécher consiste à manquer au bien qui convient à la nature de chacun. Il est donc contre nature, ainsi peccamineux, de renoncer toujours à la vengeance qui est une vertu perfectionnant l'irascible, et qui est modératrice en tant qu'elle invite à s'en tenir au talion. Et qu'on n'aille pas insinuer que le talion et la vengeance seraient des principes juifs par essence : le Décalogue relève du droit naturel, il est par accident positif, et les exemples indo-européens de pratique de la vengeance pullulent, telle la Faide (*die Fehde*, du monde germanique). « La suppression du crime est la loi du talion, en ce sens que, d'après son concept, celle-ci est violation d'une violation. (…) Cette détermination du concept est précisément cette connexion nécessaire entre le crime et la peine : selon cette connexion, le crime, en tant que volonté qui s'annule elle-même, contient en soi sa suppression qui apparaît comme peine » (Hegel, *Principes de la philosophie du droit*, § 101, Traduction Derathé, Vrin, 1986).

Celui qui pardonne n'est pas injuste puisqu'il remet, *quand on lui demande pardon*, la dette qui est payée par lui à la place de l'offenseur et par amour pour lui : il se prive de son droit à se venger, et cela est le paiement de la dette. Celui qui pardonne est même invité, en tant que chrétien qui aime son prochain pour l'amour de Dieu, à faire le premier pas en devançant la demande de pardon, s'il juge que cette démarche peut susciter dans l'offenseur un désir de demander ultérieurement pardon, ou lui valoir des grâces pour le faire. Mais il arrive le plus souvent que cette démarche endurcit l'offenseur incapable de reconnaître sa dette ou son offense, et le seul acte de charité efficace consiste à le contraindre, à redresser de force sa volonté déviée en lui infligeant une peine. Il n'est pas d'autorité en acte qui ne soit *reconnue*, de gré ou de force, car la volonté du chef est la conscience de soi de cette volonté qui est immanente à tout homme, à tout dirigé, en tant qu'elle est naturellement et en droit ordonnée au bien commun ; en reconnaissant tacitement, ou explicitement, l'autorité du chef, le dirigé atteste que cette autorité est bien la conscience de soi de la volonté du bien commun (au double génitif, objectif et subjectif). Et c'est pourquoi le chef n'est chef en acte que s'il est reconnu comme tel par la multitude, de gré **ou de force**, de sorte qu'il reconstitue ontologiquement son autorité dans la chair du criminel condamné : tout crime, aussi anodin soit-il, est une suppression de l'autorité, puisqu'il consiste à ne pas la reconnaître en la bafouant. Or tout homme, vis-à-vis de n'importe qui, sous le seul rapport de sa dignité de personne — et sans que cela compromette le moins du monde les hiérarchies et rapports d'autorité naturels qui existent entre les hommes — a autorité pour faire reconnaître par autrui son statut de personne. Donc il reconstitue cette autorité par la vengeance en infligeant à l'offenseur la punition que ce dernier subit de force, contre son gré, étant ainsi contraint de reconnaître la dignité bafouée de l'offensé. C'est en cela que consiste — pour reprendre le vocabulaire de saint Thomas — le processus à raison duquel celui qui a été atteint par l'injure lave l'offense « afin d'éviter d'en être victime ». La miséricorde va au-delà de la justice de vindicte, ainsi au-delà de la vengeance, mais elle ne le fait qu'en magnifiant la justice, en l'assumant. Pascal Ide a raison de rappeler que la miséricorde parie sur le reste de puissance d'amour qui subsiste dans l'offenseur : l'acte d'amour de l'offensé, répondant à l'offenseur par la douceur, a pour vocation de réveiller ce reste d'amour dans l'offenseur : « Pardonner demande que l'offensé atteigne, chez l'offenseur, une source d'amour plus profonde que la haine qui, un temps, le submerge, et d'abord, qu'il rejoigne en l'autre une bonté qu'aucune malice ne peut jamais effacer » (p. 189). Cela est recevable, mais encore faut-il que cette source d'amour oblitérée dans l'offenseur par sa propre injustice puisse être atteinte sans le recours à la juste peine, ce qui est rare. Et ce réveil de la puissance d'aimer, dans l'offenseur, ne sera effectif que si l'offenseur demande ultérieurement pardon, et cette demande de pardon est une reconnaissance qui rétablit la dignité de l'offensé. Quand l'offensé a de bonnes raisons de douter de la capacité de l'offenseur à être ému par la bonté de la miséricorde, sa seule manière de disposer l'offenseur à redresser sa volonté est de le châtier.

Les chrétiens, n'en déplaise aux néo-païens, n'aiment pas prendre des claques, même s'ils savent pardonner. Et bien sûr saint Thomas justifie la peine de mort et la torture. Flanquer une raclée à un offenseur endurci, ce peut être non seulement un acte de justice, mais aussi un acte de charité, car c'est faire son bien que de le redresser même contre son gré. Dieu s'est vengé par la Croix, mais Il a, ce faisant, décidé par miséricorde de payer la dette à la place des hommes en se privant de son droit à châtier, et en invitant ces derniers à participer au paiement en portant leur croix ; la justice de vindicte divine était ainsi satisfaite ; et ceux qui ne veulent pas porter leur croix vont en enfer ; Pascal Ide croit-il seulement qu'il y a quelqu'un en enfer ? Il serait dans sa logique dévoyée d'épouser la thèse hérétique et « jean-pauliste » de l'apocatastase.

Il faut bien comprendre que tout amour, comme il l'a été esquissé ici plus haut, a la forme d'une victoire sur la possibilité de la haine, que toute paix a la forme d'une victoire sur la possibilité de la guerre. Il suffit, pour s'en convaincre, de contempler la nature qui est un universel carnage de tous les instants : les gros dévorent les petits, et les faibles servent d'engrais pour la nourriture des forts, et il est dans l'ordre qu'il en soit ainsi, s'il est vrai que, pour autant que la force soit du côté des meilleurs, les moins bons sont par nature ordonnés aux meilleurs, pour le plus grand bien du tout qui, comme bien commun, est objectivement le meilleur bien de chacun. La force qui se radicalise en se faisant tellement forte qu'elle en vient à se vaincre elle-même et à assumer la faiblesse, *est une force qui reste force*, puissance de domination et de victoire, dans le moment où elle assume la faiblesse ; ce n'est pas une force qui renoncerait à elle-même au nom d'un amour qui serait insipide, faiblesse, passivité, plébiscite de la défaite. Les démocrates-chrétiens, et toutes les variantes (même antidémocratiques) des surnaturalistes ont la sensibilité tordue, ils veulent au fond faire de leur faiblesse une force, ils condamnent la force parce qu'ils n'en ont pas, et entendent paralyser la force des autres pour se mettre à la place des forts. Il y a une vérité captive chez Nietzsche, Gustave Thibon l'a bien montré, et cette vérité dévoile la maladie du christianisme — comprenons : la maladie spécifique à l'égard de laquelle les chrétiens sont le plus vulnérables. *Tout vrai chrétien est un païen surmonté*, autrement sa générosité ostensible est le masque honteux d'une âme d'inverti.

L'amour est force d'union et de concrétion (*Somme théologique*, I^a q. 20 a. 1) et, comme il l'a été montré plus haut ici, la contradiction constitutive de l'amour, qui est l'étoffe de sa dynamique, est surmontée dans l'engendrement. Pénélope parle à Ulysse de « ce lit où nous **fûmes** notre fils Télémaque ». On voit là que l'amour est porteur naturellement d'une contradiction qui doit être assumée pour être dépassée, et que cette contradiction est porteuse de haine (l'unité est contestée par la revendication de la différence), et c'est pourquoi tout amour vrai a la forme d'une victoire sur la possibilité de la haine, non que la haine en acte soit nécessaire, mais le risque de sa possibilité l'est pour qu'il y ait amour, en particulier pour qu'il y ait miséricorde ; et quand une déficience se produit dans l'amour, c'est la haine en acte qui paraît, et le processus de la justice de vindicte en est l'illustration : on dépassera le conflit par l'amour reconstitué, mais cette fois par assomption du conflit en acte. L'amour selon les modernistes et les surnaturalistes, c'est l'amour fade sans négativité, sans victoire, sans conflit assumé et dépassé, et il se consomme en faiblesse et en ressentiment inconscients. Il n'est pas jusqu'aux entreprises de la séduction amoureuse qui ne soient révélatrices de cette vérité : la femme est proie, et elle veut l'être, et elle déclare fuir le prédateur tout en espérant bien être conquise dans une lutte. Et les hommes qui ne le comprennent pas, qui voudraient que tout se passât dans le « dialogue et la concertation », sans cette instance de guerre à l'intérieur de l'amour, déçoivent les femmes qui en viennent à les mépriser. Tout cela est dans l'ordre des choses. Il n'est pas étonnant que ce Pascal Ide prenne au sérieux la psychanalyse et toutes ces fariboles de Juif destinées, de l'aveu explicite de Freud, à donner la peste à l'Occident. Le pardon est certes, étymologiquement, comme « par-don », une sureffusion du don ; or l'homme est un être de don (il s'enrichit du fait de se donner), donc il est invité à pardonner ; cela est vrai ; mais pour donner il faut avoir, et il faut bien récupérer ce qui nous a été ravi pour le donner. Violenter la dignité et l'honneur de quelqu'un, c'est d'une certaine façon oblitérer son être ; il doit bien le récupérer par la force pour s'habiliter à l'offrir. Le Fils prodigue avait demandé pardon.

Faut-il pardonner ? Oui bien sûr, cela ne peut pas ne pas être vrai, puisque Dieu nous somme de le faire « sept fois soixante-dix-sept fois ». C'est Dieu tout-puissant, créateur (et il faut bien être *tout*-puissant pour tirer quelque chose de rien), qui non seulement donne sa grâce qui soigne et surélève, mais qui — par la grâce encore — dispose la nature à recevoir la grâce dont le don offert à la nature est une recréation de la nature elle-même, de telle sorte qu'aimer ses ennemis, ainsi prévenir le pardon qu'ils doivent à l'offensé en les comblant d'amour pour les disposer à demander pardon, cela relève d'une espèce de participation surnaturelle à l'acte recréateur, et d'une coopération à l'acte divin rédempteur. Et la simple raison légitime elle aussi le pardon dans l'ordre naturel, en le présentant comme la forme accomplie du courage, sous deux rapports : d'une part comme l'expression d'un amour naturel du bien commun qui conjure stratégiquement les vendettas, ainsi qui court-circuite l'ascension aux extrêmes des vengeances en forme d'action réciproque se nourrissant de leur exercice ; d'autre part comme l'expression du choix réfléchi d'enraciner l'amour naturel du prochain — qui est notre frère — dans la participation à une même nature spécifique transcendant les différences individuelles et dépassant les différends qu'elles peuvent induire ; dans les deux cas, il faut un courage singulier, une maîtrise de l'irascible exceptionnelle pour affronter l'épreuve consistant à dépasser le souci captateur de son moi singulier, pour ré-enraciner dans une espèce de moi commun les moi devenus antagoniques.

L'intérieur, a-t-on dit, n'est pas sans l'extérieur en ce sens qu'il n'est pas sans l'acte de son extériorisation, sans quoi, exclusif de l'extérieur, il est *extérieur* à l'extérieur. Un pouvoir qui ne s'actualise jamais d'aucune façon n'est pas un vrai pouvoir, un possible qui n'est jamais réel n'est pas réellement possible ; mais un extérieur qui ne se ressource pas dans l'intérieur dont il est l'extériorisation n'est pas lui non plus véritablement extérieur ; il en est du rapport entre intérieur et extérieur comme il en est du rapport entre inspiration et expiration. L'irascible est tendance vers le mal ardu en tant qu'ardu, son objet immédiat est la lutte ; comme tendance, il se porte vers l'extérieur mais, si elle ne se ressourçait pas en elle-même, elle en viendrait à s'exténuer ; or se ressourcer en soi-même, c'est faire du désir de lutte l'objet d'une lutte, et cela revient à lutter contre le désir de lutte ; c'est au moment où le désir de lutte, ainsi de victoire, en vient à se maîtriser lui-même, qu'il est au mieux de sa puissance. Et ainsi le refus d'obtention victorieuse d'un bien donné permet au désir de se ressourcer en lui-même afin de s'habiliter à tendre vers des biens plus élevés, conformément à la dialectique platonicienne de l'Amour. Établir un tel constat, c'est faire observer que le *pardon, en tant que renoncement à la vengeance, est encore une œuvre de l'irascible, de sorte qu'il est la forme supérieure du courage qui perfectionne l'irascible.* Mais en retour — comme y invitent tant la mentalité surnaturaliste haïssant la nature que la pathologie personnaliste d'inspiration moderniste qui nourrit une sourde animosité à l'égard de la force — si l'on désapprend à l'irascible d'aimer la lutte contre l'ennemi extérieur, on court-circuite en cet irascible sa puissance de réflexivité qui le régénère, par là on détruit la puissance de pardonner.

On aura ainsi compris que cette vertu de miséricorde si précieuse et si nécessaire déjà pour prévenir la transformation de la terre en enfer, n'est possible, sans engendrer ses caricatures qui en produisent les effets opposés, que si est exaltée, dans l'acte même de la volonté de pardonner, la tendance naturelle à reconquérir son honneur dans la victoire sur l'offenseur et la satisfaction du châtiment. Comme adepte de la miséricorde, le catholique doit faire son droit à l'ordre naturel de la justice et, dans ce domaine comme dans les autres, c'est en tant qu'il assume la grandeur du paganisme qu'il peut oser aspirer à conquérir celle de la charité. Le pardon est la forme la plus haute du courage, mais si et seulement s'il résulte d'une sublimation du désir de se venger, qui doit être assumé, aimé et cultivé pour être assumé, assumé pour être satisfait à un niveau supérieur à celui de l'individualité ; sans quoi le pardon est bien lâcheté déguisée.

On pourrait montrer par un raisonnement analogue que la grande vertu de chasteté, honorée en leurs Vestales par les Anciens eux-mêmes, qui prévient l'impudicité et la luxure afin d'ouvrir l'amour à des biens plus délectables, suppose que soit maintenu et non refoulé, dans l'homme fort et saint à proportion qu'il est sain, le désir naturel des jolies femmes. En dehors des nécessaires stratégies de prudence auxquelles convie la nature blessée de l'homme, c'est en apprenant à regarder une femme dans les yeux sans la désirer, et non en détournant son regard des beautés naturelles, qu'on domestique le désir charnel lui-même, et qu'on le perfectionne jusqu'à le mener, pour certaines vocations, au point de sublimation de lui-même, ainsi à son point d'*achèvement*. Le chrétien n'est pas un impuissant.

L'esprit théocratique, corruption surnaturaliste de la politique catholique

Il a été développé dans la première partie que la religion est vérité du Politique, en ce sens que le Politique ne consomme exhaustivement les vœux qui le suscitent et ceux qui naissent en lui qu'en s'excédant dans une sphère plus universelle que la sienne, celle de l'Église qui a la forme logique d'une sublimation de l'État : l'État subsiste après que l'Église est née, mais elle est la sublimation des vœux ultimes de l'État qui désormais se dépossède au profit de l'Église de ses prérogatives dernières, d'essence religieuse. Ainsi, en contexte païen — par là en deçà de la religion révélée — le chef politique est-il aussi, en plus de gardien et opérateur privilégié du bien commun, médiateur entre son peuple et la divinité, César est « *pontifex* ». Et si, dans les communautés indo-iraniennes et celtiques, les prêtres se distinguaient des rois, c'est en tant qu'agents de l'État, comme délégués du Prince, qu'ils le faisaient. Et c'est bien, *mutatis mutandis*, la situation qui eût été celle de l'homme s'il avait été créé en état de pure nature. Dès lors, le surgissement de la Révélation, qui induit l'érection du Pape, pose le problème au niveau politique du rapport entre nature et grâce, et plus précisément de la nature du point de suture qui unit les deux sphères. S'il doit y avoir une papauté, comment peut-elle encore être tenue pour la sublimation du Politique ? Il est naturel que l'Église soit vérité du Politique ; la grâce ne détruit pas la nature mais la parfait, donc elle accuse, en droit sinon en fait, le caractère naturel de cette vocation du Politique à exercer une prérogative religieuse, celle de la religion naturelle (et non surnaturelle ou révélée). Il n'y aurait aucune difficulté à ce que la religion révélée fondatrice de l'Église fît coexister l'Église et l'État pacifiquement, si la religion naturelle (prérogative naturelle du roi) pouvait coexister avec la religion surnaturelle ou révélée (prérogative naturelle du pape). Mais la religion révélée assume, en la dépassant *sans reste*, la religion naturelle qui n'a plus de raison d'être. Dès lors, on est semble-t-il enfermé dans le dilemme suivant : ou bien le roi assume la responsabilité suprême de son office politique, ainsi la religion, mais en la confisquant au détriment du pape (déviation naturaliste) ; ou bien le pape, gardien légitime de la religion révélée, ne revendique ses droits qu'en confisquant (déviation surnaturaliste) la souveraineté du Politique auparavant exercée par les rois qui, désormais, seront réduits au statut d'exécutants du pouvoir religieux supposé détenteur des deux glaives. Et c'est bien à l'intérieur de ce dilemme ruineux que se sont débattus et combattus les rois et les papes pendant presque deux mille ans. Ce dilemme fut ruineux parce qu'il fut destructeur, en ses effets ultimes, *et* du Politique (Révolution française) *et* du Religieux (révolution moderniste de Vatican II). Ce dilemme est en passe de produire ses effets destructeurs les plus accomplis dans l'identification tératologique entre religion et politique, identification qui sera obtenue par exténuation de leurs contenus respectifs dans l'avènement de l'État mondial. Et cet État mondial sera la mort du Politique au profit d'une Administration abominable, et la mort (si c'était possible) de la religion du Dieu qui se fait homme, au profit de la religion de l'homme qui se fait Dieu.

Cité de Dieu et cité des hommes

Saint Augustin jouit au Moyen Âge, et jusqu'en des temps très proches de nous, dans la réflexion catholique et l'élaboration du magistère de l'Église, d'une autorité extraordinaire assurément légitime, quant à l'essentiel. Il reste que l'augustinisme n'est pas infaillible et que certains des aspects de cette doctrine peuvent être réfutés, en particulier l'enseignement du livre XIX (chapitre 15) de *La Cité de*

Dieu, qui sera à l'origine de ce qui fut nommé « augustinisme politique » : si l'homme n'avait pas péché, il n'y aurait pas eu pouvoir de l'homme sur l'homme, lequel est permis par Dieu depuis la Chute au titre de fonction castigatrice, de châtiment rédempteur. Ce qui évidemment contrevient aux exigences de l'enseignement aristotélo-thomiste relatif à la chose politique : si la société est un fait de nature, si elle est finalisée par le bien commun, elle requiert d'être mise en ordre puisque l'ordre est la disposition des choses en vue d'une fin. Et tout ordre préexiste dans une intelligence qui conçoit la fin et la réalise. Il doit donc y avoir une autorité qui ordonne au bien commun les volontés particulières.

Il est probable que saint Augustin tira son idée de l'enseignement de l'Ancien Testament : Samuel oint Saül et David, et la monarchie, permise par Dieu quoique présentée comme dangereuse, se substitue au système théocratique des Juges. Elle était tenue pour dangereuse en tant que ce pouvoir que le peuple réclamait à grands cris pour se conformer aux habitudes des autres peuples était souhaité par lui dans le but inavoué de se soustraire à la loi divine. Cela dit, aucune indication ne figure dans le Nouveau Testament en ce qui concerne les rapports entre pouvoir temporel et pouvoir spirituel ; on y apprend que toute autorité — naturelle et surnaturelle — procède de Dieu, et qu'il faut rendre à César ce qui est à César et à Dieu ce qui est à Dieu. Et cet enseignement doit suffire pour régler la question du rapport entre Église et État, en ce sens que toute proposition vraie relative à cette question est implicitement contenue dans ces deux préceptes du Maître.

On pourrait reconstituer de la manière suivante le raisonnement ayant présidé à la genèse de l'augustinisme politique :

Le Politique n'a de légitimité qu'à servir de châtiment divin rédempteur, en ce sens que si l'homme n'était pas dilacéré par le péché, tous les hommes seraient également dignes et saints, ainsi parfaits, au point qu'aucune autorité — qui suppose chez celui qui la subit incomplétude, inachèvement, dépendance — ne serait requise pour habiliter l'homme, *imago Dei*, à s'acheminer vers la béatitude.

Or les modalités de la rédemption, ou de cette coopération humaine à l'acte rédempteur de chacun, sont fixées par l'Église : si le Politique ne concerne que l'homme pécheur en tant que pécheur, il ne saurait s'inscrire dans le vœu de la nature humaine en tant que telle, il concerne seulement l'ordre surnaturel en sa fonction médicinale.

Donc le Politique doit être assumé par l'Église.

Par ailleurs l'Église, la Cité sainte, est la société parfaite, et à ce titre elle est le modèle de toute cité terrestre.

Cela dit, le Royaume annoncé par le Christ est l'Église qui se fait militante ici-bas mais qui, comme Royaume *qui n'est pas de ce monde*, ne peut être, même en tant que militante ou terrestre, une institution politique.

Donc le Politique doit être assumé par l'Église mais non exercé par elle. Ce qui revient à dire qu'elle est possesseur des deux glaives, temporel et spirituel, mais qu'elle confie le glaive temporel à des laïques qu'elle se choisit. L'Église a l'autorité politique sans en posséder le pouvoir, le Prince a le pouvoir politique sans posséder par soi l'autorité.

La royauté concédée par Dieu aux Juifs n'était recevable, selon les desseins du Créateur, que si elle s'engageait à demeurer soumise à la loi des Juges prescrite par les lévites. Elle était ainsi pensée telle une délégation opérée par les prêtres de leur autorité en son aspect temporel, et elle se voyait assigner la même fin que l'autorité spirituelle.

C'est pourquoi la Royauté de l'Israël biblique était fondée à devenir le modèle des pouvoirs politiques chrétiens.

Il est difficile de savoir si c'est la thèse de *La Cité de Dieu* (XIX 15) qui invite saint Augustin à se référer à la doctrine de la royauté biblique, ou si c'est cette dernière qui lui inspire la thèse du Politique développée dans *La Cité de Dieu*. Peut-être faut-il tout simplement, pour comprendre la démarche du grand docteur d'Hippone, se référer à la doctrine platonicienne (tirée de *La République*) — que saint Augustin christianise, alors que saint Thomas se réfère à Aristote — selon laquelle la Cité est seulement « *ratio cognoscendi* » de la morale, laquelle sera la « *ratio essendi* » du Politique. Dans cette perspective, on ne vit en Cité organisée que pour accéder à la vertu morale, la Politique n'est pas la science architectonique qu'elle est pour Aristote ; il n'y a pas de bien commun qui serait raison du bien particulier, il y a bien commun qui est instrument d'accession au bien particulier moral, lequel se transfigure en salut en contexte chrétien.

Quoi qu'il en soit, c'est par adoption de la conception augustinienne du Politique que les thèses de l'Église entendue comme modèle de la cité terrestre, et de la royauté biblique comme modèle des royaumes chrétiens, se révèlent corrélatives l'une de l'autre au point de devenir convertibles l'une avec l'autre. Et c'est dans l'adoption de ces deux thèses conjointes que l'Église a fait consister pendant presque deux millénaires le principe d'harmonie entre elle-même et l'État. Parce que, en ces temps épiques d'affirmation de l'Église encore jeune et des royaumes chrétiens naissants, on ne répugnait pas à user de tels procédés pour faire valoir son droit, des faussaires bien intentionnés élaborèrent de pieux mensonges qui seront pris pour argent comptant pendant des siècles, telles la *Donation de Constantin* et les *Fausses Décrétales* dont s'inspirera entre autres le *Dictatus papae* de Grégoire VII inspirateur lui-même de la réforme grégorienne. C'est dans le *Dictatus papae* qu'on trouve l'idée, faisant implicitement référence à la pseudo-*Donation de Constantin*, selon laquelle il appartiendrait au pape de distribuer les insignes impériaux : l'Empire est en quelque sorte intégré à l'Église et n'a pas de finalité qui lui serait propre. Pour Hugues de Saint-Victor, saint Bernard et Boniface VIII, l'Église est fondée à *instituer* le pouvoir terrestre, l'empereur tient du pape la puissance du glaive. En conformité avec ces thèses, on trouve chez Grégoire IX, Innocent III et Innocent IV les idées suivantes : le pape est vicaire du Christ, qui est prêtre de Melchisédech, et Roi, qui donc possède les deux pouvoirs. Dès lors, le pape les possède aussi :

Dans la bulle *Aeger cui lenia* de 1245, Innocent IV enseigne : « Le pouvoir du gouvernement temporel ne peut pas être exercé en dehors de l'Église, puisqu'il n'y a pas de pouvoir constitué par Dieu en dehors d'elle. » « Ils manquent de perspicacité et ils ne savent pas remonter à l'origine des choses, ceux qui s'imaginent que le Siège apostolique a reçu de Constantin la souveraineté de l'Empire, alors qu'il l'avait auparavant, comme on le sait, par nature et à l'état potentiel. Notre Seigneur Jésus Christ, fils de Dieu, vrai homme et vrai Dieu, vrai roi et vrai prêtre selon l'ordre de Melchisédech (…) **a constitué au profit du Saint-Siège une monarchie non seulement pontificale, mais royale : il a remis au bienheureux Pierre et à ses successeurs les rênes de l'Empire tout à la fois terrestre et céleste, comme l'indique la pluralité des clés** » (Marcel Pacaut, *La Théocratie, l'Église et le pouvoir au Moyen Âge*, Desclée, 1989, p. 130).

Retour au réel

Un tel raisonnement est évidemment abusif pour la raison suivante :

Que la surnature et l'Église aient raison de causes finales de l'ordre naturel et du Politique, cela ne fait pas de l'Église la cause efficiente du Politique. L'autorité du père sur sa progéniture lui vient directement de Dieu et non de l'Église ; l'homme étant par nature animal politique autant qu'il est animal domestique, l'autorité qui s'exerce dans et sur la Cité, naturelle, procède directement de Dieu et n'est pas communiquée par la médiation de l'Église. Le Christ est homme et Dieu, auteur et maître divin tant de l'Église que de la nature humaine, ou plutôt de ce que la nature humaine s'incarne dans des hommes créés. Le pape n'est pas le créateur de l'homme, il n'est pas le maître de la nature humaine créant les hommes à partir de cette Idée divine d'homme qu'est la nature humaine. Il est donc vicaire du Christ sous le rapport de ce qui concerne les biens surnaturels, non sous le rapport des choses naturelles. Son pouvoir en matière politique est seulement indirect. Ayant une autorité directe sur tout baptisé pour ce qui concerne la foi et les mœurs, il peut inviter les sujets d'un chef politique indigne à lui désobéir, mais il ne saurait se prétendre fondateur de la société politique et habilité à la gouverner par la médiation des chefs naturels.

Il faudra attendre Léon XIII et ses lettres encycliques *Diuturnum illud* (1881), *Immortale Dei* (1885), *Sapientiae christianae* (1890), pour que soit opéré le renoncement de l'Église à la thèse théocratique ayant prévalu auparavant :

Selon Léon XIII, le pouvoir de l'Église ne saurait être assujetti au pouvoir civil, et c'est à l'Église et non à l'État que Dieu a donné pouvoir afin de mener les hommes vers les choses célestes. Mais chacune des deux puissances temporelle et spirituelle, politique et ecclésiale, est souveraine, renfermée dans ses limites parfaitement déterminées et tracées en conformité avec sa nature et son but spécial. Chacun y exerce son action *jure proprio*. Ayant chacune sa souveraineté propre, aucune n'est tenue, dans la gestion des intérêts de sa compétence, d'obéir à l'autre dans les domaines où chacune est enfermée en vertu de sa constitution. Toute autorité procède de Dieu, mais non nécessairement par la médiation de l'Église. De même que l'autorité des parents sur les enfants est de droit naturel, le pouvoir politique l'est aussi, non délégué par l'Église, puisque l'homme est par nature et non par contrat (le contractualisme est explicitement condamné) un animal politique. La nation des Juifs n'était qu'une ébauche du peuple des baptisés. Et l'institution du Saint-Empire fut une chose excellente.

Les papes Pie XI et Pie XII reprendront globalement, sur ce sujet, les mêmes thèses. C'était là renouer avec la position non théocratique du pape Gélase Ier (IVe siècle), à ceci près que Gélase ne reconnaissait pas encore une finalité spécifique au Politique. On voudra bien noter qu'il n'y a pas de relation nécessaire entre l'abandon de la théocratie et la promotion de l'esprit démocratique par accident liés dans l'œuvre de Léon XIII. Ce qui le prouve, c'est l'avènement des fascismes au XXe siècle, à la fois non démocratiques et non théocratiques, sans pour autant être antichrétiens, sinon par accident (anticléricalisme de circonstance, imputable aux reliquats de théocratie lovés dans la démocratie chrétienne).

Le principe véritable d'une harmonie entre Église et État

Il a été dit plus haut que l'État subsiste après que l'Église est née, mais qu'elle est la sublimation des vœux ultimes de l'État qui désormais se dépossède au profit de l'Église de ses prérogatives dernières, d'essence religieuse. On peut ajouter ceci à présent qu'est dénoncé l'écueil du surnaturalisme théocratique :

L'État se dépossède dans l'Église de ses prérogatives dernières d'essence religieuse, mais il se conquiert ultimement lui-même dans l'acte de cette dépossession : en libérant ce qui lui enjoignait de s'excéder, il se libère de ce qui compromettait son repos en soi-même ; et en même temps il libère ce dont il se libère : l'acte ultime de l'État est de libérer la religion qui s'anticipait en lui, de la laisser fleurir en, pour et par elle-même hors de lui, elle qui, sans cette libération, subsisterait en lui tel un parasite à la fois étouffé et étouffant. En tant qu'il la sert telle une entité à lui désormais extérieure, il continue de s'excéder en direction d'elle conformément à sa nature mais, en tant qu'il est libéré de ce qui le tourmentait de l'intérieur de lui-même, il demeure auprès de soi-même et se maîtrise souverainement, repose sur soi, n'attendant plus d'elle sa légitimation dernière et se rendant ainsi disponible pour la recherche d'un bien strictement immanent ayant raison de fin pour l'homme, sans risquer d'oblitérer la vocation non terrestre de ce dernier. Reposant en lui-même, le Politique n'attend plus de la religion qu'elle le légitime et le fonde, et en retour l'Église devrait se dispenser, lui devant d'être souveraine dans son ordre propre, de prétendre à lui donner autorité, à le diriger et à lui contester une fin naturelle propre. Comme désormais pleinement organique (causalité réciproque entre le tout et les parties menée sous l'égide du tout) en tant que possesseur d'une finalité propre immanente, la cité meurt à elle-même dans la mort de chaque homme et renaît à elle-même dans la naissance de chaque nouvel homme, lequel n'est renvoyé à la cité comme à sa fin que parce qu'elle le renvoie à lui-même — mais au terme de sa vie terrestre — en vue d'une vie non terrestre. Ce point de suture entre nature et grâce, discerné plus haut au niveau individuel dans l'acte créateur — mais saisi par réflexion — immanent à chaque homme, tient lieu aussi de point de suture entre les deux sphères au niveau de la vie collective.

Surnaturalisme, théocratie et judaïsme

Gilles de Rome (*De ecclesiastica potestate*, 1301), élève de l'Aquinate, plaide en faveur de l'esprit théocratique : « Le pouvoir royal et, plus généralement, le pouvoir terrestre, si on se rapporte à leur origine quant à la façon dont ils apparurent chez le peuple [juif], furent établis par le sacerdoce ou par le pouvoir ecclésiastique... Les deux pouvoirs ne viennent donc pas également de Dieu, sans intermédiaire. Le premier en vient par l'intermédiaire du second ; par conséquent, il est sous le second. (...) Le pouvoir sacerdotal, qui dirige les âmes, régit aussi les corps et les choses temporelles » (cité par Pacaut, *op. cit.*, p. 145). Cet enseignement a ceci d'intéressant qu'il fait le lien entre esprit théocratique et thèse selon laquelle la royauté juive aurait raison de paradigme pour les royaumes temporels chrétiens.

Formé à partir de rameaux divers et disparates, sans nature, sans consistance ethnique déterminée, le peuple juif, forgé par l'art divin, fut un peuple artificiel, à vocation strictement *surnaturelle*, en tant qu'il était providentiellement destiné à préfigurer l'Église en préparant le lieu d'apparition du Sauveur : le peuple juif était l'ébauche de l'Église, selon la formule de Léon XIII. C'est pourquoi il ne saurait faire figure de modèle politique pour les nations forgées par la *nature*, ainsi dotées d'une nature qui reçoit la grâce et n'est pas abolie par elle. Le christianisme est l'achèvement du judaïsme, son « *Aufhebung* », il ne le conserve qu'en tant qu'il le nie, il le conserve comme affirmation du Dieu créateur transcendant mais il le nie radicalement en *substituant* le peuple — ecclésial et non politique — des baptisés au peuple des circoncis ; le Juif en esprit et en vérité est le chrétien, et cette catégorie n'est plus politique. C'est pourquoi l'esprit théocratique, surnaturaliste — il frustre la nature même dans ce qu'elle a de non blessé en la dépossédant de ses prérogatives politiques —, est l'effet d'une rémanence illégitime du judaïsme non converti à sa vérité chrétienne, par là hostile à elle, subsistant tel un mort-vivant dans le christianisme qu'il corrompt, et qu'il corrompt puisque son constitutif formel est le refus du Christ. **On peut même se demander si le surnaturalisme n'est pas tout entier expliqué par une dilection inavouée et inavouable du chrétien mal converti pour le judaïsme dont il entend pérenniser dans l'élément du christianisme les tares qui le fascinent honteusement : la perversité, le caractère insurrectionnel contre l'ordre naturel des choses, la volonté de puissance exercée sur le mode de la geignardise, l'esprit millénariste, l'esprit de ressentiment des faibles.** Le diacre François de Pâris était « figuriste » (certains éléments de l'Ancien Testament annonceraient de manière voilée des événements que le Nouveau Testament ne contiendrait pas et qui sont supposés succéder à ceux que ce dernier révèle) et janséniste, ainsi surnaturaliste et philosémite. Un certain traditionalisme catholique, envahissant et bruyant, à mentalité hystérique et convulsionnaire, entretient ainsi depuis toujours un philosémitisme ruineux pour la foi catholique et l'ordre naturel des sociétés. Or c'est ce surnaturalisme qui présida à la fondation du royaume des Francs qui par là se voulut un « Nouvel Israël », un nouveau « peuple élu », procédant à des interprétations tendancieuses, abusives et trompeuses de l'initiative providentielle de sainte Jeanne d'Arc. Le sacre, l'huile sainte, la fleur de lys (à l'origine : fleur d'iris), les « *Gesta Dei per Francos* » de Guibert de Nogent, les supposés pouvoirs royaux de guérir les écrouelles, le supposé « Testament de saint Rémi » (probablement aussi authentique que le furent les *Fausses Décrétales*), tout est emprunté aux Juifs de l'Ancien Testament, et les pitreries historiques aussi funestes que dérisoires du « marquis » de La Franquerie en procèdent.

Les fruits amers de l'esprit théocratique

C'est de cette mentalité théocratique que procède aussi la conception que le nationalisme français se fait trop souvent de lui-même, qui consiste à revendiquer pour la France un destin hors du commun quelque erronés que soient les choix islamophiles et favorables aux protestants de la France monarchique et de la France républicaine et hugolienne toujours chérie de Dieu. Comment s'étonner, dans ces conditions, qu'un BHL en vienne à prétendre que la France serait, jusque dans l'élaboration de sa langue, un produit du génie juif ? Comment se plaindre de manière cohérente des tentatives de récupération, pratiquées par un Éric Zemmour, du nationalisme français au profit du sionisme ? Comment ne pas comprendre les réactions antichrétiennes de maints agnostiques et néo-païens sincèrement attachés à l'ordre naturel des choses ? Et l'idée développée par un Julio Meinvielle, reprise des vaticinations de Barthélémy Holzhauser, selon laquelle les Juifs convertis à la fin des Temps retrouveraient dans l'Église leur statut de privilégiés, est encore une conséquence logique des présupposés surnaturalistes de l'esprit théocratique : le catholique, quelque tordu qu'il soit par une dilection judéophile inavouable, ne peut tout de même pas se faire circoncire aussi longtemps qu'il est catholique ; alors, à titre de compensation, il invente, à partir d'une interprétation forcée de l'Épître aux Romains, la théologie-fiction du recouvrement par les Juifs de leur privilège de « peuple élu » à l'intérieur du catholicisme.

Le surnaturalisme théocratique est contradictoire, d'une part parce qu'il refuse de faire du chrétien la sublimation sans reste du Juif, ce qui corrompt le christianisme en le faisant régresser ; d'autre part et plus généralement parce qu'il ne conçoit l'intromission de la vie surnaturelle dans la vie naturelle que sur le mode d'une frustration de la nature, alors qu'elle en est le sujet : la frustrer, c'est l'empêcher de recevoir. Mais une telle frustration de l'ordre naturel ne peut pas ne pas susciter des réactions de rejet que la gent ecclésiastique se fit fort de mater en projetant sa propre contradiction dans l'élément politique du conflit entre les deux grandes puissances de la Chrétienté : la France et l'Allemagne, le royaume des Lys et l'Empire. Parce que le Saint-Empire romain germanique manifestait une aptitude naturelle à exercer la vocation de souverain des nations chrétiennes, les hommes d'Église s'ingénièrent — non sans justifier leur démarche par une cause il est vrai légitime : se soustraire au césarisme des empereurs — à exacerber la prétention française à supplanter la puissance germanique, en flattant la vaniteuse prétention française à incarner le « peuple élu ». En faisant s'exténuer les puissances politiques, l'Église, qui croyait tirer les marrons du feu, fut elle-même battue en brèche par les démons que ce conflit ruineux ne pouvait pas ne pas libérer : le protestantisme, le gallicanisme, le jansénisme, l'esprit jacobin, le socialisme, le marxisme, aujourd'hui le mondialisme.

On peut et l'on doit se demander si l'esprit théocratique, gravide de surnaturalisme et de judéophilie, n'est pas la cause première de la décadence de l'Europe, de l'effacement de l'influence de l'Église, et de la subversion de cette dernière par le modernisme ; il en est la cause première en tant qu'il est la cause ayant rendu possible le jeu des autres causes.

La « Grande Nation » a systématiquement favorisé la genèse et le développement du protestantisme, mais aussi l'infiltration de l'islam en Europe, et encore le jeu anti-européen de la Perfide Albion, afin d'affaiblir l'Empire auquel elle prétendait se substituer. S'apercevant un peu tard que la Prusse protestante devenait inquiétante pour elle, elle s'est essayée à un renversement d'alliances qui s'est soldé, au terme de la guerre de Sept Ans — vraie première guerre mondiale —, par une défaite, en Europe et en Amérique. Son ressentiment lui a fait inconsidérément soutenir les Insurgés américains et leur esprit maçonnique, mais les dettes énormes que ce soutien lui coûta furent la cause immédiate de la

Révolution de 89 prolongée dans l'empire napoléonien dont la chute l'incita à rechercher une compensation dans les victoires faciles de l'ère coloniale, ce qui lui fit cultiver une fausse idée de sa force vite ramenée à la raison par la défaite de 1870. C'est alors que s'enclencha le processus qui mène à notre décadence actuelle : préparation forcenée de la « revanche » en usant au passage d'une immigration massive (à l'époque d'origine européenne) pour former un réservoir de chair à canon, puis boucherie de 14-18 où se dérégla sans retour la démographie européenne, conclue par un Traité de Versailles qui contenait par son iniquité les germes de la guerre de 39-45. Toujours enivrée par son rêve de Grande Nation et de « peuple élu », la France ne sut pas entrevoir dans la victoire momentanée d'Adolf Hitler la dernière chance qui lui restait de ne point mourir dans la mâchoire américano-soviétique. Le mondialisme invincible d'aujourd'hui est l'effet ultime de ce rêve destructeur.

Le bric-à-brac explosif du judéo-traditionalisme français, d'inspiration surnaturaliste et théocratique, est un mélange de « merveilleux » chrétien sentimentaliste à fondements historiques fantaisistes (« sainte Ampoule », etc.) et de chauvinisme anti-allemand suicidaire. C'est à condition de se débarrasser de ce fardeau que le nationalisme français, enfin capable de développer un antisionisme et un antijudaïsme cohérents — mais aussi une exaltation de la vie nationale non ablative du bien commun de l'Europe et de la chrétienté —, se révélera libre, ayant dissipé les fausses querelles entre catholiques et néo-païens, d'actualiser ses virtualités rationnelles proportionnées à son génie propre et à ses moyens réels.

On ne peut se vouloir nationaliste seulement par aversion pour le mondialisme, en remettant à plus tard le problème du contenu de l'idéal nationaliste ; c'est l'appel de ce contenu qui rend raison de l'antimondialisme, et c'est le dévoilement de son contenu qui prévient les dissensions entre nationalistes. La nation française existait avant la Révolution jacobine, mais le nationalisme est né après elle, en réaction contre elle. Depuis qu'il y a des nationalistes en France, un nombre impressionnant de travaux ont été élaborés, un capital émouvant de dévouement et de sacrifices a été déployé ; et pourtant le nationalisme s'est éparpillé en une multitude de courants rivaux et inefficaces. Certains, par souci d'enracinement plus authentique, en viennent même, excédés par l'esprit incontestablement cocardier et boutiquier qui sévit dans certaines instances bruyantes du nationalisme français, à substituer le régionalisme au nationalisme, à l'intérieur d'un européisme indistinct, afin de se soustraire aux travers réducteurs et arbitraires du centralisme national ; ils pensent et agissent ainsi comme si de tels travers étaient consubstantiels à la nation, et ne relevaient pas d'un défaut de réflexion à propos de leur idée de nation. Ce faisant, ils favorisent objectivement le mondialisme qui a prévu de canaliser, pour le désamorcer, l'instinct national dans le culte patriotique de la région. D'autres entendent recueillir l'héritage de toute l'histoire de leur nation, sans vouloir comprendre que les causes de l'étiolement et du décès de leur nation sont en bonne partie intérieures à un tel héritage qui n'a, en vérité, nullement vocation à être assumé et revendiqué en totalité. D'autres enfin privilégient tel ou tel moment de l'histoire nationale, au gré de leurs préférences subjectives et toujours contestables, sans comprendre que le propre d'un moment est de passer, et que l'on ne revient jamais en arrière, mais que l'on a vocation à réinventer, c'est-à-dire à redécouvrir en l'approfondissant, ce qui fit la grandeur du passé. Être nationaliste, ce peut être, par piété filiale, préférer sa nation à celle des autres, et la chose est naturelle ; ce n'est pas placer sous tous les rapports sa nation au-dessus de celle des autres, si cette supériorité n'est pas objectivement fondée. Être nationaliste, c'est d'abord assigner sa place réelle à sa propre nation dans la hiérarchie spirituelle des nations. La France s'est épuisée et dénaturée — ainsi trahie — en prétendant se substituer au Saint-Empire. C'est en œuvrant pour la réhabilitation d'un Saint-Empire quant à lui devenu respectueux des nations et du principe national que la France recouvrera sa grandeur et sa vraie place : la France et l'Allemagne constituent la moelle épinière de l'Europe ; *et la France est à l'Allemagne ce qu'était la Grèce par rapport à Rome* : à la France plutôt le magistère intellectuel et spirituel, à l'Allemagne plutôt le magistère politique et militaire, ce qui n'empêche pas la France de revendiquer une autonomie politique et militaire suffisante pour la disposer à prévenir les abus d'autorité temporelle de l'Empire, quand le besoin s'en fait sentir ; Alexandre de Roes (mort en 1288), chanoine de la collégiale de Sainte-Marie-du-Capitole de Cologne, théoricien allemand de la politique, définissait de façon prémonitoire la manière dont il envisageait dans la Chrétienté — ainsi d'abord dans l'Europe — la répartition des vocations : aux Allemands le « *Regnum* » ou l'Empire, aux Français les arts libéraux (le magistère intellectuel), aux Italiens le « *Sacerdotium* » (la papauté). Et ainsi chaque chose est à sa place, pour le plus grand intérêt du tout et par là de chaque partie, contre les assauts conjoints de deux extrêmes : d'une part celui d'un extrême Occident anglo-saxon ravalé, par son hypertrophie de l'agir et du faire, et au détriment de la pensée spéculative, au statut de promoteur du mondialisme consumériste (de Cromwell ami de Menasseh ben Israël et des Juifs d'Amsterdam, à la Fabian Society, au Bilderberg, à la Trilatérale, etc.), et cela quand bien même les origines de ce mondialisme sont à chercher dans un certain nationalisme anglais attaché à promouvoir, dans la forme d'un nationalisme *économique*, les « *western ideas* », ce qui est contradictoire : il est de l'essence de l'économisme d'être mondialiste ; d'autre part celui de l'Orient fataliste et de l'Extrême-Orient tantôt mimétique vis-à-vis des tares occidentales, tantôt réduit à la fascination nihiliste de la torpeur bouddhiste. Que le néo-païen consente à ne pas confondre le catholicisme avec sa caricature surnaturaliste ; que le catholique daigne s'ouvrir aux critiques du néo-païen afin de se libérer de ses reliquats surnaturalistes.

Nation et Empire

Il reste enfin à dissiper une objection relativement au rapport entre nation française et Saint-Empire. Toutes les nations européennes sont nées de la décomposition de l'Empire romain, et elles avaient, toutes, vocation à se développer au sein du Saint-Empire romain germanique. Le bien est d'autant meilleur qu'il est plus commun, aussi le bien de l'Europe est-il meilleur que le bien de la nation. Le bien commun est d'abord un ordre, et il n'est pas d'ordre sans finalité, cependant qu'il n'est pas de finalité sans une direction efficiente. Confier à l'Église le soin d'arbitrer les différends entre nations, c'est faire de l'Église le principe intrinsèque de l'ordre politique universel, mais c'est là en venir à compromettre le principe catholique de la gratuité de la grâce, de l'Incarnation, de la Résurrection et de la fondation de l'Église, puisque cela revient à signifier que l'ordre politique ne serait possible que par l'Église, et cela non « *sub ratione peccati* », mais par essence. S'il n'y avait pas eu don de la grâce, il y aurait eu ordre politique universel, et c'est au principe naturel de cet ordre qu'il convient de se référer même en contexte catholique de vie surnaturelle, puisque la grâce n'abolit pas la nature mais la perfectionne. Et ce principe est précisément l'Empire, qui est dans l'ordre des choses, dans le vœu de la nature politique de l'homme. Cela dit, comme il l'a été démontré ici plus haut, le Politique en général consomme ses potentialités ultimes en se sublimant en religion, bien qu'il ait vocation à subsister après que la religion a été instituée, puisque la surnature n'abolit pas la nature. Le Politique a donc vocation, après que l'Église est née, à tendre vers sa consommation, mais sans la réaliser de manière exhaustive, de sorte que sa maturité étatique pour chaque nation s'excède naturellement en unité impériale non étatique mais seulement féodale : la féodalité est un moment, en chaque nation, d'avènement de l'État, mais elle est le mode ultime, indépassable, de rassemblement des États dans l'Empire : il ne doit jamais y avoir d'État mondial. L'État le plus apte à promouvoir, en même temps que le bien commun de sa nation d'origine, celui de la communauté des États, entretient à l'égard des autres États de l'Empire un rapport féodal et n'exerce pas sur eux une hégémonie aussi déterminée que celle de l'État sur ses provinces. L'Histoire, qui corrobore la psychologie des peuples intuitivement saisie par la sagesse populaire, nous révèle que c'est au monde germanique qu'incombait d'exercer ce rôle impérial. Quant à la manière dont il convient de reconstruire — ou plutôt de construire — cet ordre européen, il n'est nullement exclu, compte tenu de l'état spirituel lamentable de l'Allemagne contemporaine, qu'elle soit découverte et mise en œuvre par une autre nation ; peut-être par la France, qui aurait ainsi l'occasion de se racheter après avoir mis le monde sens dessus dessous par sa diffusion de la satanique Révolution française.

TABLE DES MATIÈRES

Deux grandes visions de l'homme et du monde 8
Patrie, État, Nation 17
Lettre aux nationalistes païens ou agnostiques 25
Les reproches sans appel 25
La valeur de la raison 30
La maladie du relativisme 34
La vérité captive du relativisme héroïque 40
Une mise au point 45
Renaissance de fait et Renaissance de droit 50
Réalisme et idéalisme, l'affirmation de Dieu 52
La faiblesse des forts, envers de la force des faibles dénoncée par les forts 54
L'amour et la haine 55
Raison et religion 61
Raison catholique et judaïsme 63
Le judaïsme, objet d'aversion universelle 65
Réactions antijuives 68
Chrysalide et papillon 69
Nature et surnature 71
Le Politique et la réalité ecclésiale 73
Paganisme et christianisme 75
Judaïsme et subjectivisme 77
Nature et surnature 79

Identité catholique et diversité culturelle 84
Lettre aux catholiques 89
Vertu et morbidesse 89
Force naturelle et vertus évangéliques 92
Surnaturalisme et néo-paganisme 94
Nietzsche, Heidegger et les Juifs 99
Le paradoxe du catholicisme 104
La rationalité de la souffrance 114
Affirmation de soi et abnégation 120
Le pardon, forme supérieure du courage, ou masque de la lâcheté ? 124
L'esprit théocratique, corruption surnaturaliste de la politique catholique 140
Cité de Dieu et cité des hommes 142
Retour au réel 147
Le principe véritable d'une harmonie entre Église et État 150
Surnaturalisme, théocratie et judaïsme 151
Les fruits amers de l'esprit théocratique 154
Nation et Empire 161

LECTURES COMPLÉMENTAIRES SUGGÉRÉES :

Outre les autres livres de Joseph MÉREL (voir p. 4), l'éditeur recommande, pour approfondir les thèmes abordés dans le présent opuscule, la lecture des ouvrages suivants :

• THIBON (Gustave), *Nietzsche ou le Déclin de l'esprit*, Fayard, 1975.
• STORMAY (Jean-Jacques), *Réflexions sur le nationalisme : En relisant Doctrines du nationalisme de Jacques Ploncard d'Assac*, Samizdat Publications, 2005 / Reconquista Press, 2019 (enrichi d'une préface d'Yvan BENEDETTI).
• STORMAY (Jean-Jacques), *Abécédaire mal-pensant : Manuel de combat du traditionalisme révolutionnaire*, Reconquista Press, 2019.

Février 2020
Reconquista Press
www.reconquistapress.com

www.ingramcontent.com/pod-product-compliance
Lightning Source LLC
Chambersburg PA
CBHW070107120526
44588CB00032B/1280